C000120780

COLLECTION
FOLIO/THÉÂTRE

Albert Camus

Le Malentendu

Édition présentée,
établie et annotée
par Pierre-Louis Rey
Professeur à la Sorbonne Nouvelle

Gallimard

© *Éditions Gallimard,*
1958, pour Le Malentendu,
1995, pour la préface et le dossier.

PRÉFACE

L'argument du Malentendu *est dû à un fait divers ; son inspiration, à la situation d'exilé que connaît Camus pendant la guerre en France métropolitaine, surtout en 1942 et 1943. Sa date de composition rattache la pièce à ce qu'il nomme « les trois Absurdes » ou le « cycle de l'Absurde » :* Le Mythe de Sisyphe, L'Étranger, Caligula. *Mais comme cette trilogie, et surtout comme* La Peste *à laquelle il travaille à la même époque,* Le Malentendu *amorce aussi la réflexion et l'illustration qui nourriront le « cycle de la Révolte », que bouclera en 1951* L'Homme révolté. *« Rien n'est moins " pièce à thèse " que* Le Malentendu *», annonce toutefois le « Prière d'insérer* [1]. *» Si Camus admet qu'il s'y est « engagé », il propose au lecteur et au spectateur de considérer plutôt* Le Malentendu *« comme une tentative pour créer une tragédie moderne* [2] *».*

---

1. Voir p. 154.
2. « Préface à l'édition américaine du théâtre », dans Camus, *Théâtre, récits, nouvelles*, Pléiade, p. 1731.

LE FAIT DIVERS

Dans L'Étranger, *achevé en mai 1940, Meursault trouve sous sa paillasse de prisonnier un vieux morceau de journal. « Il relatait un fait divers dont le début manquait, mais qui avait dû se passer en Tchécoslovaquie. Un homme était parti d'un village tchèque pour faire fortune. Au bout de vingt-cinq ans, riche, il était revenu avec une femme et un enfant. Sa mère tenait un hôtel avec sa sœur dans son village natal. Pour les surprendre, il avait laissé sa femme et son enfant dans un autre établissement, était allé chez sa mère qui ne l'avait pas reconnu quand il était entré. Par plaisanterie, il avait eu l'idée de prendre une chambre. Il avait montré son argent. Dans la nuit, sa mère et sa sœur l'avaient assassiné à coups de marteau pour le voler et avaient jeté son corps dans la rivière. Le matin, la femme était venue, avait révélé sans le savoir l'identité du voyageur. La mère s'était pendue. La sœur s'était jetée dans un puits. J'ai dû lire cette histoire des milliers de fois. D'un côté, elle était invraisemblable. D'un autre, elle était naturelle. De toute façon, je trouvais que le voyageur l'avait un peu mérité et qu'il ne faut jamais jouer [1]. » Quand il écrit ces lignes, Camus ignore sans doute qu'elles constituent le canevas d'une pièce à venir. L'intrigue du* Malentendu *ne s'écarte du fait divers de* L'Étranger *que par des détails : Jan, le voyageur de la pièce, a bien une femme, mais point d'enfant ; il n'est pas assassiné à coups de marteau, mais endormi, puis noyé dans la rivière. Camus, en outre, fait des deux meurtrières, plutôt que de la victime, les protagonistes de l'action et il invente un personnage de vieux domestique. Il invente surtout — non sans risque, nous le verrons — que les*

---

1. *Ibid.*, p. 1182.

deux femmes n'en sont pas à leur coup d'essai et que d'autres clients ont déjà fini leurs jours dans la rivière. Quant à la leçon que Meursault tire de l'histoire, elle confirme la justesse de la pensée plutôt fruste de son personnage : l'expression « d'un côté... d'un autre », avec laquelle il a la manie de soupeser en toute occasion le pour et le contre, contribue ici à une plausible définition de la tragédie telle qu'elle se pratique depuis Œdipe, et son étonnante sévérité pour la victime annonce la morale que Camus, avant de la dégager lui-même, met dans la bouche de Maria, l'épouse de Jan : « Oh ! mon Dieu, je savais que cette comédie ne pouvait être que sanglante, et que lui et moi serions punis de nous y prêter » (acte III, scène 3). Meursault, le héros qui refuse de jouer la comédie et de plaisanter, est idéalement placé pour formuler d'avance la morale du Malentendu, *même si sa sincérité ne lui procure guère d'avantages dans une société habituée au jeu et à la tricherie. On se souviendra aussi, au moment d'évaluer la dimension tragique de la pièce, que si Meursault apparaît comme la victime d'une puissance cosmique qui ne lui laisse pas d'issue, Jan semble avoir toute liberté d'éviter son malheur.*

Invraisemblable et naturelle, variante tragique de la parabole du retour de l'enfant prodigue à laquelle Jan lui-même fait deux fois allusion sur le mode plaisant, l'histoire du Malentendu *se rencontre depuis des siècles sous forme de récit authentique ou légendaire* [1]. *Mais il a suffi à Camus de se souvenir d'un article paru dans* L'Écho d'Alger *du 6 janvier 1935 et intitulé ainsi :* « Effroyable tragédie. Aidée de sa fille, une hôtelière tue pour le voler un voyageur qui n'était autre que son fils. En apprenant leur erreur, la mère se pend, la fille se jette dans un puits. » *L'article précisait que le meurtre avait été commis dans*

---

1. Voir p. 138 et suiv.

un petit hôtel de Bela-Tserkva, en Yougoslavie. Telle est à coup sûr la coupure que Meursault lit et relit dans sa cellule[1].

L'EXIL

Dans L'Étranger, *le déplacement du meurtre en Tchécoslovaquie*[2] *est atténué d'une légère indécision. En le confirmant dans* Le Malentendu, *Camus entend peut-être situer symboliquement l'action dans le pays de Kafka dont les romans expriment le tragique de la condition humaine et sur lequel il a rédigé un essai, qu'il retouche à l'époque où il compose sa pièce*[3]. *On trouvera aussi à ce déplacement une explication plus prosaïque : en juin 1936, Camus a traversé la Moldavie et séjourné à Prague. Son premier volume de* Carnets *mentionne brièvement ce voyage, en particulier sous la forme d'un court dialogue (réutilisé pour son premier roman,* La Mort heureuse*) entre un voyageur et un hôtelier*[4], *mais contrairement à celui du* Malentendu, *le voyageur des* Carnets *s'inquiète du prix de la chambre. Dans « La mort dans l'âme » (chapitre de* L'Envers *et l'*Endroit*), Camus donne une relation plus détaillée de ce voyage où « la question d'argent devient épineuse » et où il pense désespérément « au bord de la Méditerranée*[5] ». *Parti en compagnie de sa première femme, Simone, il vient de décider de se séparer d'elle ; à Prague, où il*

1. D'après Roger Grenier, *Albert Camus. Soleil et ombre*, 1987, p. 130.
2. La situation de l'auberge n'est pas précisée dans les didascalies de la version de 1958 mais Jan dit (acte I, scène 5) qu'il est de retour en Bohême. Le pays d'où il vient et où Martha rêve d'habiter est plus vaguement désigné (l'Afrique, dans la version de 1958).
3. Publié en appendice du *Mythe de Sisyphe*, dans *Essais*, Pléiade, p. 199-211.
4. *Carnets*, I, p. 54-55.
5. *Essais*, Pléiade, p. 31 et 36.

l'a précédée, il l'attend en sachant que les moments à venir seront les derniers de leur vie commune. En février 1937, dans un discours donné à la Maison de la Culture d'Alger, il expose d'autres raisons du malaise qui l'a habité durant ce voyage : « *J'ai passé deux mois en Europe centrale, de l'Autriche à l'Allemagne, à me demander d'où venait cette gêne singulière qui pesait sur mes épaules, cette inquiétude sourde qui m'habitait. J'ai compris depuis peu. Ces gens étaient boutonnés jusqu'au cou. Ils ne connaissaient pas le laisser-aller. Ils ne savaient pas ce qu'est la joie, si différente du rire*[1]. » *En 1939, quand apparaît dans ses* Carnets *un projet qui préfigure vaguement* Le Malentendu, *puis au printemps de 1941, quand il y inscrit le premier titre prévu pour la pièce,* Budějovice[2], *la Tchécoslovaquie demeure pour lui le lieu typique de la solitude, de la pauvreté et de la nostalgie pour ces rivages d'Algérie qu'il a retrouvés, après être passé par l'Italie, aussitôt son voyage achevé.*

Mais la guerre va lui imposer un autre exil, plus prolongé. S'il séjourne au Chambon-sur-Lignon (Haute-Loire), en « *zone libre* », *à partir de l'été de 1942, c'est qu'il est allé s'y reposer après avoir subi, au printemps, une nouvelle attaque d'hémoptysie. Il compte alors retourner dès l'automne en Algérie pour y retrouver Francine, sa seconde femme. Le débarquement des Alliés en Afrique du Nord, le 8 novembre, déjoue ses projets en provoquant la décision des Allemands d'étendre la zone occupée à l'ensemble de la France.* « Comme des rats ! », *note-t-il dans ses* Carnets, *à la date du 11 novembre 1942*[3]. *À la solitude de celui qui attend sa femme pour lui annoncer leur*

1. Cité dans Roger Grenier, *ouv. cité*, p. 69.
2. České Budějovice est une ville de près de 100 000 habitants, située en Bohême méridionale, dans l'actuelle République tchèque.
3. *Carnets*, II, p. 53.

séparation a succédé la solitude de celui qui ignore quand il pourra retrouver celle qu'il aime (Francine ne le rejoindra à Paris qu'en octobre 1944) ; à l'évocation de Prague dans L'Envers et l'Endroit *succèdent aussi, dans les* Carnets, *quelques notes sur les sinistres dimanches de Saint-Étienne. Mais avant même d'apprendre que son exil serait plus long qu'il ne l'avait supposé, Camus a exprimé, au Chambon, sa nostalgie des « longues dunes sauvages et pures », de la « fête de l'eau », et, déjà, de la jeunesse qui le fuit*[1].

L'exil est une telle souffrance qu'il justifie que, pour y mettre fin, on aille jusqu'à tuer : ainsi a pu germer, dans l'esprit de Camus, l'idée du Malentendu. *Le fait divers qu'il avait inscrit dans* L'Étranger *offrait le scénario d'un meurtre ; l'endroit où il s'était déroulé suggérait le désir d'un ailleurs : de l'union des deux motifs naîtra l'intrigue de la pièce. Jan ne souffre pas d'être exilé puisqu'il revient de son plein gré dans ce pays froid et pluvieux qui est le sien en compagnie d'une femme aimée. Les exilées sont Martha et sa mère, privées d'une terre qui leur a été injustement refusée ; moins la mère, du reste, dont la lassitude fait écho à celle de la vieille femme « réduite au silence et à l'immobilité » des premières lignes de* L'Envers et l'Endroit, *que sa fille qui, sachant que le temps de la jeunesse passe vite, veut le mettre à profit pour connaître la mer et surtout ce soleil qui fait des « corps resplendissants » en les vidant de toute pensée. Faut-il, à la lumière de ses paroles, aller jusqu'à imaginer que Martha aspire à cette civilisation de « barbares » qu'exaltent* Noces *? On est amené, quand on s'interroge sur son personnage, à explorer des œuvres que le spectateur de la pièce n'a pas obligatoirement en mémoire.*

Camus ne retournera qu'au lendemain de la guerre en Algérie, non pour y profiter des bienfaits du soleil, mais pour

---

1. *Carnets*, II, p. 27. Ces notes datent d'environ août 1942.

enquêter sur les graves événements qui firent suite, à Sétif notamment, à l'armistice de mai 1945. Son exil métropolitain avait été, auparavant, moins désœuvré que celui de Prague, au point que certains se sont étonnés que Le Malentendu *ne porte aucune trace de la guerre et du militantisme résistant de son auteur. Mais la pièce est écrite dans ses grandes lignes quand, à partir du début de 1943, Camus se met à partager son temps entre la région stéphanoise ou lyonnaise et la maison Gallimard ou la rédaction parisienne de* Combat. *La composition du* Malentendu *s'inscrit, pour l'essentiel, dans une période où il se morfond plus qu'il n'agit.*

LES ÉTAPES DE LA COMPOSITION

Sujet de pièce. L'homme masqué.

Après un long voyage, il rentre chez lui masqué. Il le reste pendant toute la pièce. Pourquoi ? C'est le sujet.

Il se démasque à la fin. C'était pour rien. Pour voir sous un masque. Il serait resté longtemps ainsi. Il était heureux, si ce mot a un sens. Mais ce qui le force à se démasquer, c'est la souffrance de sa femme [1].

Ce projet, inscrit dans les Carnets *au printemps de 1939, préfigure la donnée initiale du* Malentendu, *mais le héros y est promis, par amour pour sa femme, à un retour vers la sincérité. Jan, en refusant de laisser parler son cœur comme l'y invitait Maria, manquera à l'amour conjugal plus encore que filial. Son désir de passer en solitaire la nuit qui lui sera fatale, en reléguant Maria dans un hôtel voisin, fait suite à des moments où il a déjà, du moins en pensée, échappé à sa femme*

---

1. *Carnets*, I, p. 157.

(« C'est alors comme si tu te reposais de moi », acte I, scène 4).
À la lumière de la première nouvelle de L'Exil et le Royaume,
« La Femme adultère », écrite en 1952, où Janine sera dite
adultère pour avoir quitté pendant quelques heures le lit conjugal
afin de se bercer seule de la beauté d'une nuit étoilée, on est fondé
à appeler également adultère le héros du Malentendu. *Ce*
manquement de Jan à l'amour ne modifiera que plus tard le
projet de la pièce pour la tourner en tragédie.

En avril 1941, Camus note : « Le monde de la tragédie et
l'esprit de révolte — Budejovice (3 actes) [1]. *» Le titre de la*
« tragédie » est provisoirement trouvé : il désigne le lieu du
meurtre. À la fin de l'été de 1942, Camus ébauche la fin du
dernier acte, prêtant le « Non » qui clôture déjà la pièce à une
« servante taciturne [2] *», avant de noter : « Budejovice (ou Dieu*
ne répond pas). La servante taciturne est un vieux serviteur »,
et, à la suite d'une réécriture des dernières répliques : « Cher-
cher des détails pour renforcer le symbolisme [3] *». On pourrait*
supposer qu'un vieux domestique saura, mieux que n'eût fait une
servante, aider les deux femmes à déménager les cadavres ; mais
son personnage semble plutôt répondre à la recherche du
symbolisme puisque, à la fin de l'acte II, il n'esquisse pas un
geste pour participer à cette tâche ingrate qui use les forces de la
vieille mère. À l'automne de 1942, Camus programme : « Pour
la publication du théâtre : Caligula : tragédie. L'Exilé (ou
Budejovice) : comédie [4] *», puis écrit des fragments de dialo-*
gue entre la mère et la fille, celle-ci signifiant qu'elle n'attend de
pardon que celui qu'elle s'est déjà donné à elle-même [5].

---

1. *Carnets*, I, p. 229.
2. *Ibid.*, t. II, p. 39.
3. *Ibid.*, p. 45.
4. *Ibid.*, p. 59.
5. *Ibid.*, p. 63.

Vers mars 1943, Camus songe à deux phrases de Montaigne pour servir d'épigraphe à sa pièce, intitulée désormais Le Malentendu : « *Ce qui naist ne va pas à perfection et cependant jamais n'arrête* » et « *Voilà pourquoi les poètes feignent cette misérable mère Niobé, ayant perdu premièrement sept fils et par la suite autant sept filles, surchargée de pertes, avoir été enfin transmuée en rochier... pour exprimer cette morne, muette et sourde stupidité qui nous transit lorsque les accidens nous accablent, surpassant nostre portée* [1]. » À son maître Jean Grenier, qui lui a écrit le jour de Pâques 1943 : « *Michel Gallimard m'a dit que vous travailliez à une tragédie tchèque* [2] », Camus fait savoir le 17 juillet qu'il travaille à nouveau sur Caligula. « *Ensuite je reprendrai* Le Malentendu *(c'est le titre de ma pièce). C'est une histoire de paradis perdu et pas retrouvé — plus humaine que ce que j'ai déjà fait, mais pas plus positive. Avant d'en disposer, je voudrais que vous la lisiez et que vous me donniez votre avis, si vous en avez le temps* [3]. » Cet échange prouve quelle discrétion Camus a longtemps observée sur le sujet de sa pièce ; mais l'allusion au paradis perdu signale, autant qu'une connivence avec Jean Grenier, une fidélité à sa propre inspiration. « *S'il est vrai que les seuls paradis sont ceux qu'on a perdus* », lisait-on déjà au début d' « *Entre oui et non* », deuxième texte de L'Envers et l'Endroit, dédié à Jean Grenier. Dans l'œuvre de Kafka, sur lequel il est alors sur le point de publier son essai dans la revue L'Arbalète, Camus reconnaît aussi « *la nostalgie des paradis perdus* [4] ».

Selon un témoignage du Père Bruckberger, c'est à Saint-

---

1. *Ibid.*, p. 91 et 95.
2. Albert Camus-Jean Grenier, *Correspondance*, p. 93.
3. *Ibid.*, p. 99.
4. *Essais*, p. 206.

Maximin, dans un couvent d'études dominicain, que Camus acheva sa pièce et en donna la première lecture, devant un auditoire de moines[1]. *Ce séjour se situa pendant la première quinzaine de septembre 1943. De retour au Chambon-sur-Lignon, il envoie le 20 du même mois le manuscrit du* Malentendu *à Jean Grenier, dont la réponse, datée du 6 octobre, fournit la première analyse de la pièce*[2]. Le Malentendu *paraît en mai 1944, chez Gallimard, couplé en un seul volume avec* Caligula, *avant d'être créé à la scène le 24 juin 1944, au Théâtre des Mathurins*[3].

LES RESSORTS DE LA « TRAGÉDIE »

« *Ces pièces forment un théâtre de l'impossible* », *explique Camus dans sa présentation du* Malentendu *et de* Caligula[4], *appliquant le mot « impossible » à la* situation *pour la première pièce, au* personnage *pour la seconde. Nous croyons comprendre que les deux meurtrières du* Malentendu *ne* peuvent *se délivrer alors qu'elles souhaitent passionnément quitter l'enfer où elles vivent, l'irréparable crime qu'elles commettent figurant l'obstacle qui les sépare définitivement de la vie rêvée.*

Le malentendu qui conduit Martha et sa mère à tuer un être qu'elles n'ont pas reconnu est, d'une certaine façon, un quiproquo. Le quiproquo est un procédé courant dans la comédie, où il ne dure généralement qu'une ou quelques scènes, mais il peut aussi désigner une situation tragique comme celle d'Œdipe,

---

1. Père R. L. Bruckberger, « Une image radieuse », *La Nouvelle Revue française*, n° 87, mars 1960, p. 520-521.
2. Voir p. 140.
3. Voir p. 146.
4. Voir p. 154.

sa révélation servant à dénoncer l'aveuglement du héros. Au-delà de ces mésententes accidentelles, comiques ou tragiques, on appelle parfois quiproquo la situation fondamentale d'incommunication où se trouvent les personnages du théâtre de l'absurde, chez Jean Tardieu ou Eugène Ionesco par exemple. Par ses conséquences, le quiproquo de Camus s'apparente à celui de la tragédie œdipienne plutôt qu'à ceux des comédies classiques. Mais, bien qu'il soit dissipé avant que le rideau ne tombe, il ouvre aussi la voie à d'autres rapprochements de situation ou d'inspiration entre Le Malentendu *et le théâtre de l'absurde.*

Si un meurtre émeut, une répétition de meurtres exécutés selon un rite immuable risque de produire l'effet d'une mécanique qui désincarne à nos yeux les victimes. Le recul du temps aidant, Landru amuse plus qu'il n'horrifie. À s'en tenir aux ressorts du théâtre, l'exécution avant le lever du rideau d'une série de clients, suivie de l'entrée d'un héros promis au même sort, offre dans Le Malentendu *une donnée proche de celle de* La Leçon, *d'Ionesco. Le dénouement des deux pièces limite toutefois le rapprochement : tandis que la révélation de l'identité de Jan met fin à l'engrenage criminel, les dernières répliques de* La Leçon *révèlent que la leçon représentée n'était qu'une péripétie prise au hasard dans une série promise à un infini renouvellement.*

La représentation même du meurtre de Jan n'exclut pas le glissement vers le comique. En substituant la douceur d'un soporifique suivi d'une noyade aux coups de marteau du fait divers, Camus a certes évité de tomber dans le Grand-Guignol. Devait-il pousser le respect des bienséances jusqu'à mettre en récit tout le déroulement du meurtre, comme il le fait, non sans gaucherie, pour des scènes pourtant moins périlleuses[1] *? C'eût*

---

1. Ainsi Maria s'adressant à Jan : « Je sais, tu es entré, tu as dit : " Bonjour ", tu t'es assis. Tu ne reconnaissais rien » (acte I, scène 3).

été affaiblir l'intérêt dramatique d'une pièce déjà plus chargée d'intentions que d'action. Sans doute la fin de l'acte II ne nous mène-t-elle qu'au seuil de l'exécution du crime, consommé quand débute l'acte III ; mais un échange entre Martha et sa mère avait, dès la scène d'ouverture, permis qu'en soient visualisés des détails :

MARTHA : Dans quelle chambre le mettrons-nous ?
LA MÈRE : N'importe laquelle, pourvu que ce soit au premier.
MARTHA : Oui, nous avons trop peiné, la dernière fois, dans les deux étages.

Ces répliques, outre qu'elles répondent moins à une logique interne de la pièce qu'au besoin d'informer le spectateur, annoncent une comédie policière plutôt qu'une tragédie. Elles suscitent même à propos du cadavre la question, ionescienne encore : Comment s'en débarrasser ?

Jamais Camus ne cautionnera ce rapprochement de ses pièces avec le « théâtre de l'absurde », dont la vogue se répand en France dans les années 1950. S'il compare en revanche ses tentatives avec d'autres formes de la tragédie française au XXᵉ siècle, c'est pour marquer sa différence. Dans une conférence prononcée en 1955, il explique comment, en tâtonnant « à la recherche d'un langage tragique », nos auteurs l'ont trouvé dans « la dérision ou la transposition précieuse ou littéraire, c'est-à-dire en somme l'humour et la fantaisie », parce que c'étaient là « les seules formes possibles à des esprits très individualistes ». Le comique, en effet, est à ses yeux « du règne de l'individu ». Citant les exemples d'Œdipe, de Gide, et de La Guerre de Troie n'aura pas lieu, de Giraudoux, Camus suggère l'originalité de sa propre tentative pour créer une tragédie moderne[1].

Les Sisyphes dont son théâtre a décliné plusieurs variantes visent à illustrer le tragique de la condition humaine tout entière. Aussi ressemblent-ils plus aux créatures d'Ionesco, voire de Beckett, qu'à celles de Gide ou de Giraudoux, conduits par leur « individualisme » à souligner avec malice la singularité de leurs héros. Mais Camus ne vise pas plus à rejoindre le comique grinçant du théâtre de l'absurde que le sourire avec lequel nos « tragiques » contemporains effleurent les graves questions métaphysiques. Dans tous les cas, il ne se départit pas d'une exigence de sérieux, dans laquelle beaucoup verront un manquement à la modernité. Si Maria dénonce, après le meurtre, la « comédie » de Jan (acte III, scène 3), la réalité sanglante en étouffe à l'évidence l'absurdité bouffonne. On est troublé, dans ces conditions, que Camus oppose dans ses Carnets la « comédie » de L'Exilé à la « tragédie » de Caligula : faut-il supposer qu'en vertu d'un glissement sémantique, le principal ressort de l'intrigue (c'est-à-dire la comédie jouée par Jan) détermine pour l'occasion le genre de la pièce ? Par la suite, il est vrai, Camus ne cessera de présenter Le Malentendu et Caligula comme des « tragédies », même si les deux œuvres sont éditées avec la seule mention de « pièces ».

La « tragédie moderne » du Malentendu fait pendant, pour Camus, à la tragédie antique de Caligula[2]. Alors qu'il exigera, pour le décor et les costumes de Caligula, qu'on signifie l'intemporalité de la pièce en évitant « le genre romain », l'auberge du Malentendu le dispense de pareille mise en garde, du moins à l'adresse des metteurs en scène. Il

1. Voir le texte de cette conférence dans *Théâtre, récits, nouvelles*, p. 1700-1711.
2. « Préface à l'édition américaine du théâtre », *ibid.*, p. 1729-1734.

devra, en revanche, avertir les spectateurs, peu accoutumés à
entendre les accents de la tragédie dans un cadre modeste.
« C'était me conseiller de me promener dans les rues de Paris
avec la robe de Platon », s'indignait déjà Voltaire à qui on
avait recommandé d'ajouter des chœurs à son Œdipe. « Si
j'avais habillé de peplums mes personnages, tout le monde peut-
être aurait applaudi », se défend à son tour Camus [1]. Imaginons
de surcroît sa pièce écrite en alexandrins et lestée d'allusions
directes à la destinée des Atrides, elle aurait moins prêté à un
rapprochement avec le théâtre de l'absurde d'Eugène Ionesco.
Classiquement construit en trois actes, respectueux de l'unité de
lieu, ponctué de monologues dont le plus long incombe au
protagoniste (celui de Martha, acte III, scène 2), s'achevant par
une sorte de catharsis [2], Le Malentendu offre plus d'un
aspect rassurant pour un habitué du grand répertoire ; mais les
détails matériels de l'intrigue (le passeport ou la tasse de thé),
autant que les paroles insignifiantes de la vie quotidienne,
risquent de choquer d'autant plus gravement qu'ils s'inscrivent
dans une présentation traditionnelle. « Le spectateur devait
ainsi éprouver un sentiment de familiarité en même temps que de
dépaysement. Le spectateur, et le lecteur », écrit Camus, avant
d'avouer : « Mais je ne suis pas sûr d'avoir réussi le bon
dosage [3]. »

1. *Ibid.*, p. 1731. « Il est très difficile de faire du " tragique en veston " »,
convient-il dans une lettre à Jean Grenier du 20 septembre 1943 (Albert
Camus-Jean Grenier, *Correspondance*, p. 103).
2. Nous suivons ici l'analyse d'Ilona Coombs, *Camus, homme de théâtre*, p. 63.
3. « Préface à l'édition américaine du théâtre », *Théâtre, récits, nouvelles*,
p. 1731.

LES SYMBOLES

« *Chercher des détails pour renforcer le symbolisme* » :
l'impératif inscrit dans les Carnets *à la suite des dernières
répliques de la pièce est une leçon héritée de Kafka qui a su,
explique Camus, user de symboles de manière à autoriser une
double possibilité d'interprétation de ses œuvres*[1]. *Il faut
s'attendre à rencontrer cette ambiguïté dans la tragédie, genre qui
« balance entre les pôles d'un nihilisme extrême et d'un espoir
illimité*[2] », *et en particulier dans* Le Malentendu *qui, au-
delà de l'apparente « soumission de la fatalité », est aux yeux
de Camus un appel à la révolte*[3] *dont la morale est moins
négative qu'on pourrait le supposer*[4].

Le premier symbole, comparable à l'enfer du Huis clos *de
Sartre, est l'auberge, image de notre monde, d'où nul ne peut
échapper. À ce compte, Martha figure de façon exemplaire la
condition humaine. Mais ces significations sont trop claires
pour concourir à l'ambiguïté de la pièce ; elles appartiennent, du
reste, à ses données initiales. Parmi les « détails » inventés
ensuite par Camus, on ne voit guère que le vieux domestique, qui
donne un coup de pouce (en subtilisant le passeport de Jan) mais
aucun coup de main au meurtre, avant de clore la pièce par ce
« Non » qui résonne comme un refus de l'Au-delà : plus
clairement encore, il ressemble à une personnification du destin.
Pourtant, comme s'il voulait éviter que trop d'évidence n'appau-
vrisse le symbole, Camus sème le doute : si le domestique répond*

1. Voir *Essais*, p. 201 et suiv.
2. *Théâtre, récits, nouvelles*, p. 1707.
3. Voir p. 155.
4. Voir notamment « Préface à l'édition américaine du théâtre », *ibid.*,
p. 1731.

« *Non* » *à Maria, c'est peut-être tout simplement qu'il n'a pas*
« *l'intention de l'aider* [1] »... *Prêter une signification prosaïque
à la voix de la Fatalité et une portée générale aux gestes et aux
paroles de la vie quotidienne, inventer par conséquent « un
langage assez naturel pour être parlé par des contemporains, et
assez insolite pour rejoindre le ton tragique* [2] », *telle est la voie
étroite où s'engage Camus.*

    Trop apparents pour entretenir l'ambiguïté, les symboles du
Malentendu *mettent aussi en péril la vraisemblance psycholo-
gique. Celle-ci n'est pas, au reste, la préoccupation première de
Camus qui, comme Nietzsche, situe la grandeur de la tragédie
du côté d'Eschyle et de Sophocle plutôt que d'Euripide. Appeler
ses personnages « la mère » ou « le vieux domestique », ou les
doter de prénoms d'une simplicité évangélique, c'était déjà les
affranchir des contraintes du théâtre réaliste. La recherche du
« naturel » implique, pourtant, qu'ils inspirent au spectateur un
sentiment de proximité.*

    *Le rôle principal, celui de Martha, comporte une foule de
répliques touchant à des préoccupations domestiques. Celles-ci
sont liées, autant que son évocation lyrique des pays du soleil, à
son rêve d'un ailleurs. Cette cohérence étudiée de ses répliques ne
doit pas gêner si on voit en Martha un symbole. Reproche-t-on
au K. de Kafka de ne pas donner une suffisante illusion de réel ?
Supposons qu'on s'attache néanmoins à trouver au personnage de
Martha une consistance : on plaidera que cette cohérence bâtit
un caractère énergiquement tourné vers un but unique ; la fiche
d'hôtel, les questions ou les recommandations adressées à Jan, le
prétendu malentendu au sujet de la tasse de thé, chacun de ces
éléments s'inscrit dans une stratégie froidement étudiée. Ainsi
Martha sera-t-elle dite* inhumaine *en deux sens différents. En*

---

  1. Voir *ibid.*, p. 1731.
  2. *Ibid.*, p. 1731.

tant que personnage, on peut l'accuser d'être peu vraisemblable (au sens où l'exige le réalisme). Si on veut céder à l'illusion, on la jugera d'une nature hors du commun. Plus qu'à Meursault, étranger à tout et surtout à son meurtre, elle fait songer à Mersault, héros de La Mort heureuse, qui tue pour vivre heureux[1], mais dont le personnage n'a été qu'ébauché. Mieux que ses récits achevés, où l'on tue plutôt sans le faire exprès, le théâtre (Caligula, Le Malentendu, Les Justes...) permet à Camus de libérer cette « fixation au meurtre » et cette « violence intérieure » que reconnaissait en lui Jean Grenier[2]. À la tragédie revient surtout d'exprimer le franchissement des limites de l'humain[3].

De cette forme de grandeur, un romancier lui a fourni des modèles. Relisant l'œuvre de Stendhal au cours de l'année 1942, il note dans ses Carnets une phrase du Journal : « Il n'y a que les femmes à grand caractère qui puissent faire mon bonheur[4]. » Mais croira-t-on vraiment que les meurtres à répétition de Martha, commis aux dépens de clients inconnus et suivis chaque fois de l'inventaire de leurs poches, soient inspirés par la passion généreuse, fût-elle immorale, des héroïnes de Stendhal ? Martha est d'ailleurs guidée par une obsession aussi peu stendhalienne que camusienne : celle de la richesse[5]. La gourmandise avec laquelle elle répète le mot « riche » écarte en effet l'idée que la fortune volée aux clients soit pour elle un

---

1. « Roman : l'homme qui a compris que, pour vivre, il fallait être riche, qui se donne tout entier à cette conquête de l'argent, y réussit, vit et meurt *heureux* » (*Carnets*, I, p. 67).

2. Jean Grenier, *Souvenirs*, p. 143.

3. « Le thème constant de la tragédie antique est ainsi la limite qu'il ne faut pas dépasser » (« Sur l'avenir de la tragédie », *Théâtre, récits, nouvelles*, p. 1705).

4. *Carnets*, II, p. 23.

5. « On m'a toujours attribué, à tort ou à raison, la plus grande indifférence à l'égard des questions d'argent » (*L'Envers et l'Endroit, Essais*, p. 31).

simple viatique (la richesse matérielle comme moyen d'accès aux richesses naturelles chantées dans Noces*) et l'apparente cette fois encore au héros de* La Mort heureuse. *Le besoin de retrouver l'Algérie répondait chez Camus à une nostalgie de l'innocence* [1] *; aucun sentiment de ce genre ne vient colorer le caractère de cette meurtrière endurcie. Après avoir expliqué, dans* L'Homme révolté, *comment « la révolte, chez Nietzsche, aboutit encore à l'exaltation du mal », Camus précise qu'il lui sera toujours « impossible de confondre Nietzsche et Rosenberg* [2] *». On voudrait être sûr que Martha est fille de Nietzsche plutôt que de Rosenberg. S'il existe une grandeur dans son inhumanité, c'est dans la lucidité avec laquelle elle en accepte la démesure : « Si je l'avais reconnu, cela n'aurait rien changé », lance-t-elle après avoir tué son frère. Mais cet éclat la conduit, plutôt qu'à revendiquer son crime, à rejeter sur le monde sa propre déraison. Elle se proclame, en somme, héroïne tragique, ce qui ne suffit pas pour qu'on lui en accorde le statut.*

Une parcelle d'humanité la lie pourtant à Jan : un amour filial que masquent, jusqu'aux approches du dénouement, ses étonnantes rudesses de langage. Le suicide de sa mère, qu'elle voulait rendre heureuse en même temps qu'elle, contribue à son désespoir final. Ainsi s'unit-elle dans la mort à Jan. Mû par le besoin de retrouver le foyer de son enfance et coupable de délaisser sa femme pour mieux rejoindre sa mère, celui-ci paie en effet de sa vie la maladresse, non l'insuffisance de son amour filial. Maria dit à sa place les mots que son esprit de comédien lui interdit d'articuler, mais qui traduisent le fond de son cœur : « Je n'étais pas assez heureux et aujourd'hui j'ai besoin de

---

1. « Algérie. Je ne sais pas si je me fais bien comprendre. Mais j'ai le même sentiment à revenir vers l'Algérie qu'à regarder le visage d'un enfant » (*Carnets*, II, p. 117).

2. *Essais*, p. 484-485.

vous » (acte I, scène 3). Dès la première page de ses Carnets, *Camus avait analysé, en mai 1935, ce qu'il nommait « la nostalgie d'une pauvreté perdue » : « Une certaine somme d'années vécues misérablement suffisent à construire une sensibilité. Dans ce cas particulier, le sentiment bizarre que le fils porte à sa mère constitue* toute *sa sensibilité. Les manifestations de cette sensibilité dans les domaines les plus divers s'expliquent suffisamment par le souvenir latent, matériel de son enfance (une glu qui s'accroche à l'âme)* [1]. *» Si Jan revient aux sources après avoir gagné beaucoup d'argent, il est animé par la nostalgie de la pauvreté perdue, mais aussi par le désir d'enrichir sa mère. Martha et lui se croisent (elle, sur le point de partir en quête du bonheur à l'instant où lui se présente pour l'offrir). Alors que le foyer de leur enfance devrait être le point de rencontre de leur affection retrouvée, il est le lieu du malentendu.*

Ainsi se croisent l'inhumanité et la gaucherie, que pouvait unir et peut-être sauver l'amour pour une mère. « Tous sont justifiables, personne n'est juste », écrit Camus dans sa définition de la tragédie [2] *afin d'opposer ce genre au drame ou au mélodrame, dans lesquels les torts se trouvent d'un seul côté. Reprenant la pensée qu'il avait prêtée à Meursault, il met l'accent sur la responsabilité de Jan : « Tout le malheur des hommes vient de ce qu'ils ne prennent pas un langage simple. Si le héros du* Malentendu *avait dit : " Voilà. C'est moi et je suis votre fils ", le dialogue était possible et non plus en porte à*

---

1. *Carnets*, I, p. 15. Faut-il souligner qu'au foyer de Jan comme à celui de Meursault, il n'y a pas de figure paternelle ? Camus attendra l'ébauche de son dernier roman, *Le Premier Homme* (Gallimard, 1994), où la fiction s'efface presque tout à fait derrière l'autobiographie, pour raconter la « recherche du père ».

2. *Théâtre, récits, nouvelles*, p. 1705.

faux comme dans la pièce. Il n'y avait plus de tragédie puisque le sommet de toutes les tragédies est dans la surdité des héros [1]. *»* Cédons au jeu des carrefours d'intrigue auquel nous invite Camus : les moines de Saint-Maximin imaginèrent-ils ces chaudes retrouvailles, embellies par la fortune de l'enfant prodigue, pendant que des cadavres eussent impunément reposé dans la rivière ? Gageons que Camus accuse moins Jan par goût de la provocation que pour tenir égaux les plateaux d'une balance qui penche trop évidemment en défaveur de Martha. La pièce a besoin d'une explication que son texte ne suffit pas à livrer. À voir Martha en criminelle et Jan en victime, nous risquions tout simplement de prendre Le Malentendu pour un drame. Il fallait mettre l'accent, jusque par le titre de l'œuvre, sur la surdité des héros ; développer une thèse pour prouver que la pièce n'en contient pas ; rendre clair qu'en dépit des apparences, elle est ambiguë.

L'ABSURDE ET LE TRAGIQUE

Que les trois membres de la famille ne s'entendent pas après s'être parlé pourrait donner lieu à une apologie des vertus du silence. Celles-ci sont célébrées dès L'Envers et l'Endroit (« Entre oui et non ») où une mère et un enfant se comprennent sans mot dire. Le spectateur du Malentendu doute que la mère de Jan ait besoin, pour le reconnaître, que son fils décline son identité (il avait déjà dix-huit ans quand il a quitté le foyer). Camus lui-même juge cet aveuglement assez peu vraisemblable pour le justifier de façon marquée par la vue basse et le grand

1. *Carnets,* II, p. 161. Camus reproduit ici une lettre qu'il a envoyée à Louis Guilloux.

*âge de la mère. Il peut dès lors faire naître la tragédie non du
silence, mais du mauvais usage de la parole. Au tort de Martha
et de sa mère de ne s'être adressées à Jan que dans l'intention de
le voler répond celui de Jan (qu'on s'ingéniera à trouver égal)
d'avoir triché avec les lois naturelles du langage.*

*D'autres invraisemblances reçoivent une justification mieux
accordée à l'inspiration profonde de la pièce. Ainsi du passeport
que le Destin (pardon, le vieux domestique) empêche Martha de
lire en entrant inopinément dans la salle, ou des distractions de
Jan, si peu attentif aux signes lancés par sa sœur et par sa mère
que celle-ci finit par se persuader, en guise d'excuse, qu'il « veut
mourir ». Prétendre qu'il est* absurde *que tout se conjugue à ce
point en faveur du meurtre ne signifie pas que le dramaturge a
manqué aux règles de la vraisemblance, mais que la Fatalité
qui, dans l'Antiquité, venait massivement de l'Au-delà, se
manifeste dans la « tragédie moderne » par une foule d'inci-
dents minuscules qui font dériver l'existence du héros du cours
auquel elle semblait promise. « Si le héros du* Malentendu
*avait dit... » Camus suggère que les choses auraient pu se
passer autrement. Imagine-t-on, sans ébranler la pensée tragique des Grecs, que Prométhée eût pu réussir dans son défi ou
qu'Œdipe n'eût jamais rencontré Laïos ? Les carrefours de la
tragédie antique n'offrent pas d'issue*[1].

*Ce renouvellement des modalités du tragique autorise trois
interprétations du* Malentendu *:*

*1) Les personnages ne sont pas libres de se conduire
autrement ; ces mains que la mère montre à Jan en signe
d'avertissement, l'hésitation de Martha qu'annule son frère en*

---

1. « La tragédie n'est pas une solution », écrit Camus en 1945 (*Carnets*, II,
p. 153), d'une formule bizarre, aussi inopérante que le « Il ne sert à rien de
pleurer » qu'on oppose communément à la douleur. Si nous l'interprétons
correctement, elle nous apparaît comme la négation même du tragique
traditionnel.

évoquant les rivages heureux, celle de Jan quand Maria le supplie de ne pas mentir, ne sont alors que des simulacres de libre arbitre sur la voie d'une Fatalité dont il devient difficile de nier la transcendance.

2) Les personnages choisissant librement le crime ou le mensonge, leur manque d'ouverture à autrui bâtit cette Fatalité qui cause leur malheur.

3) Due à l'absurdité d'un monde que n'éclaire aucune réponse de l'Au-delà, la Fatalité dépasse infiniment les ressorts de l'intrigue. Moins satisfaisante que les précédentes au plan de la cohérence dramatique, cette interprétation admet que Le Malentendu *signifie grâce à un fait divers tragique (au sens trivial du terme) le tragique de l'existence.*

Seules les deux dernières interprétations autorisent les « si ». À s'en tenir à celui de Camus, les retrouvailles familiales auraient pu être suivies de lendemains heureux. Mais cette supposition, qui néglige la phrase de Martha confessant qu'elle eût de toute façon tué son frère, n'éclaire pas quel sens eût alors pris sa vie, se fût-elle déroulée dans le pays de ses rêves. Si son existence est absurde parce qu'elle s'use, dans un village sans âme, à des tâches ingrates (ces « 40 heures » qu'évoque Camus dans ses Carnets *en 1937 et 1938), le spectateur risque d'en déduire que, chaque homme étant condamné à rouler son rocher, Martha roule seulement un rocher un peu plus ennuyeux que les autres et que l'on peut, sous réserve d'avoir les moyens de déménager, atténuer l'absurdité de sa condition. Or les plages ensoleillées sont, aux yeux de Camus, le lieu où l'absurdité peut s'assumer pleinement parce que y vivent des peuples « créateurs*[1] *» : après avoir vu dans la création, en 1937, une*

---

1. « Le contraire d'un peuple civilisé, c'est un peuple créateur », écrit-il dans *Noces* à propos des « barbares qui se prélassent sur des plages » (*Essais*, p. 74).

alternative à l'Absurdité[1], *Camus explique en effet dans* Le
Mythe de Sisyphe *(1942) que loin d'être un « refuge à
l'absurde », elle en est sa signification la plus éclatante*[2]. *On ne
voit nulle part, au sein de la pièce, s'esquisser ce que pourrait
devenir Martha dans ce royaume de créateurs. Animée d'un
esprit de lucre, elle rêve d'un bonheur qu'il est difficile
d'identifier à celui que postule Camus en imaginant « Sisyphe
heureux*[3] ». *Trop crapuleux pour inspirer l'admiration,
le meurtre de Jan, au lieu de signifier l'obstacle qui sépare
l'héroïne de son rêve, suggère qu'elle n'est pas digne d'y aborder.*

*Ainsi, symbole trop clair de l'enfermement de l'homme ici-
bas, l'auberge devient-elle aussi un symbole fragile. Camus
veut-il signifier que nous sommes prisonniers de l'Absurdité ?
Celle-ci règne non seulement dans l'auberge, mais ailleurs.
Veut-il signifier qu'il est impossible d'aborder au pays où la
condition absurde se vit avec dignité ? L'auberge est alors la
prison non du genre humain dans sa totalité, mais de la seule
Martha. Quant au meurtre, inspiré par des préoccupations
étroitement personnelles, il relève de la cour d'assises plutôt que
d'une malédiction divine.*

MARIA

*Maria module autrement les ambiguïtés du tragique camu-
sien. Ses appréhensions devant l'étrange conduite de Jan ont des
motivations suffisamment psychologiques pour qu'on ne puisse
l'identifier à une Cassandre. Lorsque tout a été consommé, ses*

---

1. « Créer ou ne pas créer. Dans le premier cas, tout est justifié. Tout, sans
exception. Dans le second cas, c'est l'Absurdité complète » (*Carnets*, I, p. 89).
2. « La joie absurde par excellence, c'est la création » (*Essais*, p. 173).
3. *Ibid.*, p. 198.

*paroles (« Le malheur était dans le ciel », ou encore « Et vous,
comme deux insensées, aveugles devant le fils merveilleux qui
vous revenait ») définissent une conception grecque de la
tragédie inadaptée à la situation ; Martha, en effet, qui aurait
tué son frère même si elle l'avait reconnu, ne souffre pas
d'aveuglement, mais d'une inhumanité lucidement consentie dont
elle choisit de rejeter la responsabilité sur la terre entière. Maria
serait la mieux placée pour prononcer le « Si le héros du*
Malentendu *avait dit... », car si nul n'est moins qu'elle
guetté par la démesure (que celle-ci s'exerce dans le crime ou
dans le mensonge), nul n'en est plus cruellement victime ; mais
dans sa naïveté, elle prend pour une Fatalité antique le fruit de
la résolution scélérate ou de la légèreté des individus qui
l'entourent. Pathétique, son ultime appel à l'aide se heurte, si on
suit la suggestion de Camus, à l'indifférence d'un domestique
fatigué ; mieux que quiconque pourtant, Maria peut entendre ce
« Non » comme la voix du Destin.*

Une réflexion de Camus dans ses Carnets *déconcerte :
« Malentendu. La femme, après la mort du mari : " Comme je
l'aime ! "* [1] *». Écrite au cours de l'année 1943, alors que la pièce
est en voie d'achèvement, cette note, qui ne peut que s'appliquer à
Maria, définit pourtant le contraire de son personnage, car elle
n'a pas attendu la mort de Jan pour mesurer combien elle
l'aimait. Il n'y a place, dans son cœur, pour aucun malentendu.
Si elle a, pour formuler son amour, plus d'éloquence que l'autre
Maria (celle de* L'Étranger*), toutes deux se rejoignent dans
l'authenticité de leur expression. Comment pourrait-elle entendre
l'exhortation de Martha à suivre son exemple en rejoignant la
pierre* [2] *? On devine qu'elle est ainsi conviée, dans l'esprit de*

1. *Carnets,* II, p. 103.
2. « Rendez-vous sourde à tous les cris, rejoignez la pierre pendant qu'il en
est temps » (acte III, scène 3). Martha est, comme l'a compris sa mère (acte
III, scène I), celle qui ne sait pas pleurer.

Camus, à s'élever à la « grandeur [1] *». Mais, trop humaine, elle serait alors, telle Niobé dont le nom faillit figurer dans une épigraphe de la pièce, baignée de larmes. Son cri, « Ayez pitié, Seigneur, de ceux qui s'aiment et qui sont séparés ! », appelle chez le spectateur une compassion que Martha ne souhaitait ni ne pouvait inspirer ; il se nourrit, non de l'aspiration à la « grandeur » dans laquelle se guinde souvent Camus, mais de l'angoisse qu'il éprouve en cette époque où lui est imposée une séparation douloureuse, quoique moins tragique, dont on lira des échos dans* La Peste [2]. *Si la formule « Tous sont justifiables, personne n'est juste » définit la tragédie, Maria n'est pas une héroïne tragique. Mais, figure innocente vouée à l'amour, étrangère aux ingrates ou sinistres tâches de Martha, elle a, au plan de l'émotion dramatique et suivant la parole de l'Évangile, la meilleure part.*

Pierre-Louis Rey

1. « C'est le goût de la pierre qui m'attire peut-être vers la sculpture. Elle redonne à la forme humaine le poids et l'indifférence sans lesquels je ne lui vois pas de grandeur » (*Carnets*, II, p. 78).
2. « Faire ainsi du thème de la séparation le grand thème du roman », note Camus à l'époque où il reprend *La Peste* après avoir appris qu'il serait pour longtemps séparé de sa femme (*ibid.*, p. 80).

Le Malentendu

PIÈCE EN TROIS ACTES

À mes amis du « Théâtre de l'Équipe »

Le Malentendu [1] *a été représenté pur la première fois le 24 juin 1944, au Théâtre des Mathurins, dans une mise en scène de Marcel Herrand, et avec la distribution suivante :*

MARTHA	*Maria Casarès.*
MARIA	*Hélène Vercors.*
LA MÈRE	*Marie Kalff.*
JAN	*Marcel Herrand.*
LE VIEUX DOMESTIQUE	*Paul Œttly.*

ACTE PREMIER[1]

SCÈNE PREMIÈRE

Midi. La salle commune de l'auberge. Elle est propre et claire. Tout y est net.

LA MÈRE

Il reviendra.

MARTHA

Il te l'a dit?

LA MÈRE

Oui. Quand tu es sortie.

MARTHA

Il reviendra seul?

LA MÈRE

Je ne sais pas.

MARTHA

Est-il riche?

LA MÈRE

Il ne s'est pas inquiété du prix.

MARTHA

S'il est riche, tant mieux. Mais il faut aussi qu'il soit seul.

LA MÈRE, *avec lassitude.*

Seul et riche, oui. Et alors nous devrons recommencer.

MARTHA

Nous recommencerons, en effet. Mais nous serons payées de notre peine.

Un silence. Martha regarde sa mère.

Mère, vous êtes singulière. Je vous reconnais mal depuis quelque temps.

LA MÈRE

Je suis fatiguée, ma fille, rien de plus. Je voudrais me reposer.

MARTHA

Je puis prendre sur moi ce qui vous reste encore à faire dans la maison. Vous aurez ainsi toutes vos journées.

LA MÈRE

Ce n'est pas exactement de ce repos que je parle. Non, c'est un rêve de vieille femme. J'aspire seulement à la paix, à un peu d'abandon. *(Elle rit faiblement.)* Cela est stupide à dire, Martha, mais il y a des soirs où je me sentirais presque des goûts de religion.

MARTHA

Vous n'êtes pas si vieille, ma mère, qu'il faille en venir là. Vous avez mieux à faire.

LA MÈRE

Tu sais bien que je plaisante. Mais quoi! À la fin d'une vie, on peut bien se laisser aller. On ne peut pas toujours se raidir et se durcir comme tu le fais, Martha. Ce n'est pas de ton âge non plus. Et je connais bien des filles, nées la même année que toi, qui ne songent qu'à des folies.

MARTHA

Leurs folies ne sont rien auprès des nôtres, vous le savez.

LA MÈRE

Laissons cela.

MARTHA, *lentement.*

On dirait qu'il est maintenant des mots qui vous brûlent la bouche.

LA MÈRE

Qu'est-ce que cela peut te faire, si je ne recule pas devant les actes? Mais qu'importe! Je voulais seulement dire que j'aimerais quelquefois te voir sourire.

MARTHA

Cela m'arrive, je vous le jure.

LA MÈRE

Je ne t'ai jamais vue ainsi.

MARTHA

C'est que je souris dans ma chambre, aux heures où je suis seule.

LA MÈRE, *la regardant attentivement.*

Quel dur visage est le tien, Martha !

MARTHA, *s'approchant et avec calme.*

Ne l'aimez-vous donc pas ?

LA MÈRE, *la regardant toujours,*
après un silence.

Je crois que oui, pourtant.

MARTHA, *avec agitation.*

Ah ! mère ! Quand nous aurons amassé beaucoup d'argent et que nous pourrons quitter ces terres sans horizon, quand nous laisserons derrière nous cette auberge et cette ville pluvieuse, et que nous oublierons ce pays d'ombre, le jour où nous serons enfin devant la mer dont j'ai tant rêvé, ce jour-là, vous me verrez sourire. Mais il faut beaucoup d'argent pour vivre devant la mer [1]. C'est pour cela qu'il ne faut pas avoir peur des mots. C'est pour cela qu'il faut s'occuper de celui qui doit venir. S'il est suffisamment riche, ma liberté commencera peut-être avec lui. Vous a-t-il parlé longuement, mère ?

LA MÈRE

Non. Deux phrases en tout.

MARTHA

De quel air vous a-t-il demandé sa chambre ?

LA MÈRE

Je ne sais pas. Je vois mal et je l'ai mal regardé. Je sais, par expérience, qu'il vaut mieux ne pas les regarder. Il est plus facile de tuer ce qu'on ne connaît pas. *(Un temps.)* Réjouis-toi, je n'ai pas peur des mots maintenant.

MARTHA

C'est mieux ainsi. Je n'aime pas les allusions. Le crime est le crime, il faut savoir ce que l'on veut. Et il me semble que vous le saviez tout à l'heure, puisque vous y avez pensé, en répondant au voyageur.

LA MÈRE

Je n'y ai pas pensé. J'ai répondu par habitude.

MARTHA

L'habitude? Vous le savez, pourtant, les occasions ont été rares!

LA MÈRE

Sans doute. Mais l'habitude commence au second crime. Au premier, rien ne commence, c'est quelque chose qui finit. Et puis, si les occasions ont été rares, elles se sont étendues sur beaucoup d'années, et l'habitude s'est fortifiée du souvenir. Oui, c'est bien l'habitude qui m'a poussée à répondre, qui m'a avertie de ne pas regarder cet homme, et assurée qu'il avait le visage d'une victime.

MARTHA

Mère, il faudra le tuer.

LA MÈRE, *plus bas.*

Sans doute, il faudra le tuer.

MARTHA

Vous dites cela d'une singulière façon.

LA MÈRE

Je suis lasse, en effet, et j'aimerais qu'au moins celui-là soit le dernier. Tuer est terriblement fatigant. Je me soucie peu de mourir devant la mer ou au centre de nos plaines, mais je voudrais bien qu'ensuite nous partions ensemble.

MARTHA

Nous partirons et ce sera une grande heure ! Redressez-vous, mère, il y a peu à faire. Vous savez bien qu'il ne s'agit même pas de tuer. Il boira son thé, il dormira, et tout vivant encore, nous le porterons à la rivière. On le retrouvera dans longtemps, collé contre un barrage, avec d'autres qui n'auront pas eu sa chance et qui se seront jetés dans l'eau, les yeux ouverts. Le jour où nous avons assisté au nettoyage du barrage, vous me le disiez, mère, ce sont les nôtres qui souffrent le moins, la vie est plus cruelle que nous. Redressez-vous, vous trouverez votre repos et nous fuirons enfin d'ici.

LA MÈRE

Oui, je vais me redresser. Quelquefois, en effet, je suis contente à l'idée que les nôtres n'ont jamais souffert. C'est à peine un crime, tout juste une intervention, un léger coup de pouce donné à des vies inconnues. Et il est vrai qu'apparemment la vie est plus cruelle que nous. C'est peut-être pour cela que j'ai du mal à me sentir coupable.

> *Entre le vieux domestique. Il va s'asseoir derrière le comptoir, sans un mot. Il ne bougera pas jusqu'à la fin de la scène.*

MARTHA

Dans quelle chambre le mettrons-nous?

LA MÈRE

N'importe laquelle, pourvu que ce soit au premier.

MARTHA

Oui, nous avons trop peiné, la dernière fois, dans les deux étages. *(Elle s'assied pour la première fois.)* Mère, est-il vrai que, là-bas, le sable des plages fasse des brûlures aux pieds?

LA MÈRE

Je n'y suis pas allée, tu le sais. Mais on m'a dit que le soleil dévorait tout.

MARTHA

J'ai lu dans un livre qu'il mangeait jusqu'aux âmes et qu'il faisait des corps resplendissants, mais vidés par l'intérieur.

LA MÈRE

Est-ce cela, Martha, qui te fait rêver?

MARTHA

Oui, j'en ai assez de porter toujours mon âme, j'ai hâte de trouver ce pays où le soleil tue les questions. Ma demeure n'est pas ici.

LA MÈRE

Auparavant, hélas! nous avons beaucoup à faire. Si tout va bien, j'irai, bien sûr, avec toi. Mais moi, je n'aurai pas le sentiment d'aller vers ma demeure. À un certain âge, il n'est pas de demeure où le repos soit possible, et c'est déjà beaucoup si l'on a pu faire soi-même cette dérisoire maison de briques, meublée de souvenirs, où il arrive parfois que l'on s'endorme. Mais naturellement, ce serait quelque chose aussi, si je trouvais à la fois le sommeil et l'oubli.

Elle se lève et se dirige vers la porte.

Prépare tout, Martha. *(Un temps.)* Si vraiment cela en vaut la peine.

Martha la regarde sortir. Elle-même sort par une autre porte.

SCÈNE II[1]

Le vieux domestique va à la fenêtre, aperçoit Jan et Maria, puis se dissimule. Le vieux reste en scène, seul, pendant quelques secondes. Entre Jan. Il s'arrête, regarde dans la salle, aperçoit le vieux, derrière la fenêtre.

JAN

Il n'y a personne?

Le vieux le regarde, traverse la scène et s'en va.

SCÈNE III

Entre Maria. Jan se retourne brusquement vers elle.

JAN

Tu m'as suivi.

MARIA

Pardonne-moi, je ne pouvais pas. Je partirai peut-être tout à l'heure. Mais laisse-moi voir l'endroit où je te laisse.

JAN

On peut venir et ce que je veux faire ne sera plus possible.

MARIA

Donnons-nous au moins cette chance que quelqu'un vienne et que je te fasse reconnaître malgré toi.

Il se détourne. Un temps.

MARIA, *regardant autour d'elle.*

C'est ici?

JAN

Oui, c'est ici. J'ai pris cette porte, il y a vingt ans. Ma sœur était une petite fille. Elle jouait dans ce coin. Ma mère n'est pas venue m'embrasser. Je croyais alors que cela m'était égal.

MARIA

Jan, je ne puis croire qu'elles ne t'aient pas reconnu tout à l'heure. Une mère reconnaît toujours son fils.

JAN

Il y a vingt ans qu'elle ne m'a vu. J'étais un adolescent, presque un jeune garçon. Ma mère a vieilli, sa vue a baissé. C'est à peine si moi-même je l'ai reconnue.

MARIA, *avec impatience.*

Je sais, tu es entré, tu as dit : « Bonjour », tu t'es assis. Tu ne reconnaissais rien.

JAN

Ma mémoire n'était pas juste. Elles m'ont accueilli sans un mot. Elles m'ont servi la bière que je demandais. Elles me regardaient, elles ne me voyaient pas. Tout était plus difficile que je ne l'avais cru.

MARIA

Tu sais bien que ce n'était pas difficile et qu'il suffisait de parler. Dans ces cas-là, on dit : « C'est moi », et tout rentre dans l'ordre.

JAN

Oui, mais j'étais plein d'imaginations. Et moi qui attendais un peu le repas du prodigue [1], on m'a donné de la bière contre mon argent. J'étais ému, je n'ai pas pu parler.

MARIA

Il aurait suffi d'un mot.

JAN

Je ne l'ai pas trouvé. Mais quoi, je ne suis pas si pressé. Je suis venu ici apporter ma fortune, et si je le puis, du bonheur. Quand j'ai appris la mort de mon père, j'ai compris que j'avais des responsabilités envers elles deux et, l'ayant compris, je fais ce qu'il faut. Mais je suppose que ce n'est pas si facile qu'on le dit de rentrer chez soi et qu'il faut un peu de temps pour faire un fils d'un étranger.

MARIA

Mais pourquoi n'avoir pas annoncé ton arrivée ? Il y a des cas où l'on est bien obligé de faire comme tout le monde. Quand on veut être reconnu, on se nomme, c'est l'évidence même. On finit par tout brouiller en prenant l'air de ce qu'on n'est pas. Comment ne serais-tu pas traité en étranger dans une maison où tu te présentes comme un étranger ? Non, non, tout cela n'est pas sain.

JAN

Allons, Maria, ce n'est pas si grave. Et puis quoi, cela sert mes projets. Je vais profiter de l'occasion, les voir un peu de l'extérieur. J'apercevrai mieux ce qui les rendra heureuses. Ensuite, j'inventerai les moyens de me faire reconnaître. Il suffit en somme de trouver ses mots.

MARIA

Il n'y a qu'un moyen. C'est de faire ce que ferait le premier venu, de dire : « Me voilà », c'est de laisser parler son cœur.

JAN

Le cœur n'est pas si simple.

MARIA

Mais il n'use que de mots simples. Et ce n'était pas
bien difficile de dire : « Je suis votre fils, voici ma
femme. J'ai vécu avec elle dans un pays que nous
aimions, devant la mer et le soleil. Mais je n'étais pas
assez heureux et aujourd'hui j'ai besoin de vous. »

JAN

Ne sois pas injuste, Maria. Je n'ai pas besoin d'elles,
mais j'ai compris qu'elles devaient avoir besoin de moi
et qu'un homme n'était jamais seul.

Un temps. Maria se détourne.

MARIA

Peut-être as-tu raison, je te demande pardon. Mais
je me méfie de tout depuis que je suis entrée dans ce
pays où je cherche en vain un visage heureux. Cette
Europe est si triste. Depuis que nous sommes arrivés,
je ne t'ai plus entendu rire, et moi, je deviens
soupçonneuse. Oh ! pourquoi m'avoir fait quitter mon
pays ? Partons, Jan, nous ne trouverons pas le bonheur
ici.

JAN

Ce n'est pas le bonheur que nous sommes venus
chercher. Le bonheur, nous l'avons.

MARIA, *avec véhémence.*

Pourquoi ne pas s'en contenter ?

JAN

Le bonheur n'est pas tout et les hommes ont leur devoir. Le mien est de retrouver ma mère, une patrie...

Maria a un geste. Jan l'arrête : on entend des pas. Le vieux passe devant la fenêtre.

JAN

On vient. Va-t'en, Maria, je t'en prie.

MARIA

Pas comme cela, ce n'est pas possible.

JAN, *pendant que les pas se rapprochent.*

Mets-toi là.

Il la pousse derrière la porte du fond.

SCÈNE IV

La porte du fond s'ouvre. Le vieux traverse la pièce sans voir Maria et sort par la porte du dehors.

JAN

Et maintenant, pars vite. Tu vois, la chance est avec moi.

MARIA

Je veux rester. Je me tairai et j'attendrai près de toi que tu sois reconnu.

JAN

Non, tu me trahirais.

> *Elle se détourne, puis revient vers lui et le regarde en face.*

MARIA

Jan, il y a cinq ans que nous sommes mariés.

JAN

Il y aura bientôt cinq ans.

MARIA, *baissant la tête.*

Cette nuit est la première où nous serons séparés.

> *Il se tait, elle le regarde de nouveau.*

J'ai toujours tout aimé en toi, même ce que je ne comprenais pas et je vois bien qu'au fond, je ne te voudrais pas différent. Je ne suis pas une épouse bien contrariante. Mais ici, j'ai peur de ce lit désert où tu me renvoies et j'ai peur aussi que tu m'abandonnes.

JAN

Tu ne dois pas douter de mon amour.

MARIA

Oh! je n'en doute pas. Mais il y a ton amour et il y a tes rêves, ou tes devoirs, c'est la même chose. Tu m'échappes si souvent. C'est alors comme si tu te reposais de moi. Mais moi, je ne peux pas me reposer de toi et c'est ce soir *(elle se jette contre lui en pleurant)*, c'est ce soir que je ne pourrai pas supporter.

JAN, *la serrant contre lui.*

Cela est puéril.

MARIA

Bien sûr, cela est puéril. Mais nous étions si heureux là-bas et ce n'est pas de ma faute si les soirs de ce pays me font peur. Je ne veux pas que tu m'y laisses seule.

JAN

Je ne te laisserai pas longtemps. Comprends donc, Maria, que j'ai une parole à tenir.

MARIA

Quelle parole?

JAN

Celle que je me suis donnée le jour où j'ai compris que ma mère avait besoin de moi.

MARIA

Tu as une autre parole à tenir.

JAN

Laquelle?

MARIA

Celle que tu m'as donnée le jour où tu as promis de vivre avec moi.

JAN

Je crois bien que je pourrai tout concilier. Ce que je te demande est peu de chose. Ce n'est pas un caprice.

Une soirée et une nuit où je vais essayer de m'orienter, de mieux connaître celles que j'aime et d'apprendre à les rendre heureuses.

MARIA, *secouant la tête.*

La séparation est toujours quelque chose pour ceux qui s'aiment comme il faut.

JAN

Sauvage, tu sais bien que je t'aime comme il faut.

MARIA

Non, les hommes ne savent jamais comment il faut aimer. Rien ne les contente. Tout ce qu'ils savent, c'est rêver, imaginer de nouveaux devoirs, chercher de nouveaux pays et de nouvelles demeures. Tandis que nous, nous savons qu'il faut se dépêcher d'aimer, partager le même lit, se donner la main, craindre l'absence. Quand on aime, on ne rêve à rien.

JAN

Que vas-tu chercher là? Il s'agit seulement de retrouver ma mère, de l'aider et la rendre heureuse. Quant à mes rêves ou mes devoirs, il faut les prendre comme ils sont. Je ne serais rien en dehors d'eux et tu m'aimerais moins si je ne les avais pas.

MARIA, *lui tournant brusquement le dos.*

Je sais que tes raisons sont toujours bonnes et que tu peux me convaincre. Mais je ne t'écoute plus, je me bouche les oreilles quand tu prends la voix que je connais bien. C'est la voix de ta solitude, ce n'est pas celle de l'amour.

JAN, *se plaçant derrière elle.*

Laissons cela, Maria. Je désire que tu me laisses seul ici afin d'y voir plus clair. Cela n'est pas si terrible et ce n'est pas une grande affaire que de coucher sous le même toit que sa mère. Dieu fera le reste. Mais Dieu sait aussi que je ne t'oublie pas dans tout cela. Seulement, on ne peut pas être heureux dans l'exil ou dans l'oubli. On ne peut pas toujours rester un étranger[1]. Je veux retrouver mon pays, rendre heureux tous ceux que j'aime. Je ne vois pas plus loin.

MARIA

Tu pourrais faire tout cela en prenant un langage simple. Mais ta méthode n'est pas la bonne.

JAN

Elle est la bonne puisque, par elle, je saurai si, oui ou non, j'ai raison d'avoir ces rêves.

MARIA

Je souhaite que ce soit oui et que tu aies raison. Mais moi, je n'ai pas d'autre rêve que ce pays où nous étions heureux, pas d'autre devoir que toi.

JAN, *la prenant contre lui.*

Laisse-moi aller. Je finirai par trouver les mots qui arrangeront tout.

MARIA, *s'abandonnant.*

Oh! continue de rêver. Qu'importe, si je garde ton amour! D'habitude, je ne veux pas être malheureuse

quand je suis contre toi. Je patiente, j'attends que tu te
lasses de tes nuées : alors commence mon temps. Si je
suis malheureuse aujourd'hui, c'est que je suis bien
sûre de ton amour et certaine pourtant que tu vas me
renvoyer. C'est pour cela que l'amour des hommes est
un déchirement. Ils ne peuvent se retenir de quitter ce
qu'ils préfèrent.

JAN, *la prend au visage et sourit.*

Cela est vrai, Maria. Mais quoi, regarde-moi, je ne
suis pas si menacé. Je fais ce que je veux et j'ai le cœur
en paix. Tu me confies pour une nuit à ma mère et à
ma sœur, ce n'est pas si redoutable.

MARIA, *se détachant de lui.*

Alors, adieu, et que mon amour te protège.

*Elle marche vers la porte où elle s'arrête et, lui
montrant ses mains vides :*

Mais vois comme je suis démunie. Tu pars à la
découverte et tu me laisses dans l'attente.

Elle hésite. Elle s'en va.

SCÈNE V

*Jan s'assied. Entre le vieux domestique qui
tient la porte ouverte pour laisser passer Martha,
et sort ensuite.*

JAN

Bonjour. Je viens pour la chambre.

MARTHA

Je sais. On la prépare. Il faut que je vous inscrive sur notre livre.

> *Elle va chercher son livre et revient.*

JAN

Vous avez un domestique bizarre.

MARTHA

C'est la première fois qu'on nous reproche quelque chose à son sujet. Il fait toujours très exactement ce qu'il doit faire.

JAN

Oh! ce n'est pas un reproche. Il ne ressemble pas à tout le monde, voilà tout. Est-il muet?

MARTHA

Ce n'est pas cela.

JAN

Il parle donc?

MARTHA

Le moins possible et seulement pour l'essentiel.

JAN

En tout cas, il n'a pas l'air d'entendre ce qu'on lui dit.

MARTHA

On ne peut pas dire qu'il n'entende pas. C'est seulement qu'il entend mal. Mais je dois vous demander votre nom et vos prénoms.

JAN

Hasek, Karl.

MARTHA

Karl, c'est tout?

JAN

C'est tout.

MARTHA

Date et lieu de naissance?

JAN

J'ai trente-huit ans [1].

MARTHA

Où êtes-vous né?

JAN, *il hésite*.

En Bohême.

MARTHA

Profession?

JAN

Sans profession.

MARTHA

Il faut être très riche ou très pauvre pour vivre sans un métier.

JAN, *il sourit.*

Je ne suis pas très pauvre et, pour bien des raisons, j'en suis content.

MARTHA, *sur un autre ton.*

Vous êtes tchèque, naturellement?

JAN

Naturellement.

MARTHA

Domicile habituel?

JAN

La Bohême.

MARTHA

Vous en venez?

JAN

Non, je viens d'Afrique[1]. *(Elle a l'air de ne pas comprendre.)* De l'autre côté de la mer.

MARTHA

Je sais. *(Un temps).* Vous y allez souvent?

JAN

Assez souvent.

MARTHA, *elle rêve un moment,*
mais reprend.

Quelle est votre destination?

JAN

Je ne sais pas. Cela dépendra de beaucoup de choses.

MARTHA

Vous voulez vous fixer ici?

JAN

Je ne sais pas. C'est selon ce que j'y trouverai.

MARTHA

Cela ne fait rien. Mais personne ne vous attend?

JAN

Non, personne, en principe.

MARTHA

Je suppose que vous avez une pièce d'identité?

JAN

Oui, je peux vous la montrer.

MARTHA

Ce n'est pas la peine. Il suffit que j'indique si c'est un passeport ou une carte d'identité.

JAN, *hésitant.*

Un passeport. Le voilà. Voulez-vous le voir?

> *Elle l'a pris dans ses mains et va le lire, mais le vieux domestique paraît dans l'encadrement de la porte* [1].

MARTHA

Non, je ne t'ai pas appelé. *(Il sort. Martha rend à Jan le passeport, sans le lire, avec une sorte de distraction.)* Quand vous allez là-bas, vous habitez près de la mer ?

JAN

Oui.

Elle se lève, fait mine de ranger son cahier, puis se ravise et le tient ouvert devant elle.

MARTHA, *avec une dureté soudaine.*

Ah ! j'oubliais ! Vous avez de la famille ?

JAN

J'en avais. Mais il y a longtemps que je l'ai quittée.

MARTHA

Non, je veux dire : « Êtes-vous marié ? »

JAN

Pourquoi me demandez-vous cela ? On ne m'a posé cette question dans aucun autre hôtel.

MARTHA

Elle figure dans le questionnaire que nous donne l'administration du canton.

JAN

C'est bizarre. Oui, je suis marié. D'ailleurs, vous avez dû voir mon alliance.

MARTHA

Je ne l'ai pas vue. Pouvez-vous me donner l'adresse de votre femme?

JAN

Elle est restée dans son pays[1].

MARTHA

Ah! parfait. *(Elle ferme son livre.)* Dois-je vous servir à boire, en attendant que votre chambre soit prête?

JAN

Non, j'attendrai ici. J'espère que je ne vous gênerai pas.

MARTHA

Pourquoi me gêneriez-vous? Cette salle est faite pour recevoir des clients.

JAN

Oui, mais un client tout seul est quelquefois plus gênant qu'une grande affluence.

MARTHA, *qui range la pièce.*

Pourquoi? Je suppose que vous n'aurez pas l'idée de me faire des contes. Je ne puis rien donner à ceux qui viennent ici chercher des plaisanteries. Il y a longtemps qu'on l'a compris dans le pays. Et vous verrez bientôt que vous avez choisi une auberge tranquille. Il n'y vient presque personne.

JAN

Cela ne doit pas arranger vos affaires.

MARTHA

Nous y avons perdu quelques recettes, mais gagné notre tranquillité. Et la tranquillité ne se paie jamais assez cher. Au reste, un bon client vaut mieux qu'une pratique bruyante. Ce que nous recherchons, c'est justement le bon client.

JAN

Mais... *(il hésite)*, quelquefois, la vie ne doit pas être gaie pour vous ? Ne vous sentez-vous pas très seules ?

MARTHA, *lui faisant face brusquement.*

Écoutez, je vois qu'il me faut vous donner un avertissement. Le voici. En entrant ici, vous n'avez que les droits d'un client. En revanche, vous les recevez tous. Vous serez bien servi et je ne pense pas que vous aurez un jour à vous plaindre de notre accueil. Mais vous n'avez pas à vous soucier de notre solitude, comme vous ne devez pas vous inquiéter de nous gêner, d'être importun ou de ne l'être pas. Prenez toute la place d'un client, elle est à vous de droit. Mais n'en prenez pas plus.

JAN

Je vous demande pardon. Je voulais vous marquer ma sympathie, et mon intention n'était pas de vous fâcher. Il m'a semblé simplement que nous n'étions pas si étrangers que cela l'un à l'autre.

MARTHA

Je vois qu'il me faut vous répéter qu'il ne peut être question de me fâcher ou de ne pas me fâcher. Il me semble que vous vous obstinez à prendre un ton qui ne devrait pas être le vôtre, et j'essaie de vous le montrer. Je vous assure bien que je le fais sans me fâcher. N'est-ce pas notre avantage, à tous les deux, de garder nos distances ? Si vous continuiez à ne pas tenir le langage d'un client, cela est fort simple, nous refuserions de vous recevoir. Mais si, comme je le pense, vous voulez bien comprendre que deux femmes qui vous louent une chambre ne sont pas forcées de vous admettre, par surcroît, dans leur intimité, alors, tout ira bien.

JAN

Cela est évident. Je suis impardonnable de vous avoir laissé croire que je pouvais m'y tromper.

MARTHA

Il n'y a aucun mal à cela. Vous n'êtes pas le premier qui ait essayé de prendre ce ton. Mais j'ai toujours parlé assez clairement pour que la confusion devînt impossible.

JAN

Vous parlez clairement, en effet, et je reconnais que je n'ai plus rien à dire... pour le moment...

MARTHA

Pourquoi ? Rien ne vous empêche de prendre le langage des clients.

JAN

Quel est ce langage ?

MARTHA

La plupart nous parlaient de tout, de leurs voyages ou de politique, sauf de nous-mêmes. C'est ce que nous demandons. Il est même arrivé que certains nous aient parlé de leur propre vie et de ce qu'ils étaient. Cela était dans l'ordre. Après tout, parmi les devoirs pour lesquels nous sommes payées, entre celui d'écouter. Mais, bien entendu, le prix de pension ne peut pas comprendre l'obligation pour l'hôtelier de répondre aux questions. Ma mère le fait quelquefois par indifférence, moi, je m'y refuse par principe. Si vous avez bien compris cela, non seulement nous serons d'accord, mais vous vous apercevrez que vous avez encore beaucoup de choses à nous dire et vous découvrirez qu'il y a du plaisir, quelquefois, à être écouté quand on parle de soi-même.

JAN

Malheureusement, je ne saurai pas très bien parler de moi-même. Mais, après tout, cela n'est pas utile. Si je ne fais qu'un court séjour, vous n'aurez pas à me connaître. Et si je reste longtemps, vous aurez tout le loisir, sans que je parle, de savoir qui je suis.

MARTHA

J'espère seulement que vous ne me garderez pas une rancune inutile de ce que je viens de dire. J'ai toujours trouvé de l'avantage à montrer les choses telles qu'elles sont, et je ne pouvais vous laisser continuer sur un ton qui, pour finir, aurait gâté nos rapports. Ce que je dis est raisonnable. Puisque, avant ce jour, il n'y avait rien de commun entre nous, il n'y a vraiment aucune raison pour que, tout d'un coup, nous nous trouvions une intimité.

JAN

Je vous ai déjà pardonné. Je sais, en effet, que l'intimité ne s'improvise pas. Il faut y mettre du temps. Si, maintenant, tout vous semble clair entre nous, il faut bien que je m'en réjouisse.

Entre la mère.

SCÈNE VI

LA MÈRE

Bonjour, monsieur. Votre chambre est prête.

JAN

Je vous remercie beaucoup, madame.

La mère s'assied.

LA MÈRE, *à Martha.*

Tu as rempli la fiche?

MARTHA

Oui.

LA MÈRE

Est-ce que je puis voir? Vous m'excuserez, monsieur, mais la police est stricte. Ainsi, tenez, ma fille a omis de noter si vous êtes venu ici pour des raisons de santé, pour votre travail ou en voyage touristique.

JAN

Je suppose qu'il s'agit de tourisme.

LA MÈRE

À cause du cloître sans doute? On dit beaucoup de bien de notre cloître.

JAN

On m'en a parlé, en effet. J'ai voulu aussi revoir cette région que j'ai connue autrefois, et dont j'avais gardé le meilleur souvenir.

MARTHA

Vous y avez habité?

JAN

Non, mais il y a très longtemps, j'ai eu l'occasion de passer par ici. Je ne l'ai pas oublié.

LA MÈRE

C'est pourtant un bien petit village que le nôtre[1].

JAN

C'est vrai. Mais je m'y plais beaucoup. Et, depuis que j'y suis, je me sens un peu chez moi.

LA MÈRE

Vous allez y rester longtemps?

JAN

Je ne sais pas. Cela vous paraît bizarre, sans doute. Mais, vraiment, je ne sais pas. Pour rester dans un endroit, il faut avoir ses raisons — des amitiés, l'affection de quelques êtres. Sinon, il n'y a pas de motif de rester là plutôt qu'ailleurs. Et, comme il est difficile de savoir si l'on sera bien reçu, il est naturel que j'ignore encore ce que je ferai.

MARTHA

Cela ne veut pas dire grand-chose.

JAN

Oui, mais je ne sais pas mieux m'exprimer.

LA MÈRE

Allons, vous serez vite fatigué.

JAN

Non, j'ai un cœur fidèle, et je me fais vite des souvenirs, quand on m'en donne l'occasion.

MARTHA, *avec impatience.*

Le cœur n'a rien à faire ici.

JAN, *sans paraître avoir entendu,*
à la mère.

Vous paraissez bien désabusée. Il y a donc si longtemps que vous habitez cet hôtel?

LA MÈRE

Il y a des années et des années de cela. Tellement d'années que je n'en sais plus le commencement et que j'ai oublié ce que j'étais alors. Celle-ci est ma fille.

MARTHA

Mère, vous n'avez pas de raison de raconter ces choses.

LA MÈRE

C'est vrai, Martha.

JAN, *très vite.*

Laissez donc. Je comprends si bien votre sentiment, madame. C'est celui qu'on trouve au bout d'une vie de travail. Mais peut-être tout serait-il changé si vous aviez été aidée comme doit l'être toute femme et si vous aviez reçu l'appui d'un bras d'homme.

LA MÈRE

Oh ! je l'ai reçu dans le temps, mais il y avait trop à faire. Mon mari et moi y suffisions à peine. Nous n'avions même pas le temps de penser l'un à l'autre et, avant même qu'il fût mort, je crois que je l'avais oublié.

JAN

Oui, je comprends cela. Mais... *(avec un temps d'hésitation)* un fils qui vous aurait prêté son bras, vous ne l'auriez peut-être pas oublié ?

MARTHA

Mère, vous savez que nous avons beaucoup à faire.

LA MÈRE

Un fils ! Oh ! je suis une trop vieille femme ! Les vieilles femmes désapprennent même d'aimer leur fils. Le cœur s'use, monsieur.

JAN

Il est vrai. Mais je sais qu'il n'oublie jamais.

MARTHA, *se plaçant entre eux
et avec décision.*

Un fils qui entrerait ici trouverait ce que n'importe quel client est assuré d'y trouver : une indifférence bienveillante. Tous les hommes que nous avons reçus s'en sont accommodés. Ils ont payé leur chambre et reçu une clé. Ils n'ont pas parlé de leur cœur. *(Un temps.)* Cela simplifiait notre travail.

LA MÈRE

Laisse cela.

JAN, *réfléchissant.*

Et sont-ils restés longtemps ainsi ?

MARTHA

Quelques-uns très longtemps. Nous avons fait ce qu'il fallait pour qu'ils restent. D'autres, qui étaient moins riches, sont partis le lendemain. Nous n'avons rien fait pour eux.

JAN

J'ai beaucoup d'argent et je désire rester un peu dans cet hôtel, si vous m'y acceptez. J'ai oublié de vous dire que je pouvais payer d'avance.

LA MÈRE

Oh ! ce n'est pas cela que nous demandons !

MARTHA

Si vous êtes riche, cela est bien. Mais ne parlez plus de votre cœur. Nous ne pouvons rien pour lui. J'ai failli vous demander de partir, tant votre ton me lassait. Prenez votre clé, assurez-vous de votre chambre. Mais sachez que vous êtes dans une maison sans ressources pour le cœur. Trop d'années grises ont passé sur ce petit village et sur nous. Elles ont peu à peu refroidi cette maison. Elles nous ont enlevé le goût de la sympathie. Je vous le dis encore, vous n'aurez rien ici qui ressemble à de l'intimité. Vous aurez ce que nous réservons toujours à nos rares voyageurs, et ce que nous leur réservons n'a rien à voir avec les passions du cœur. Prenez votre clé *(elle la lui tend)*, et n'oubliez pas ceci : nous vous accueillons, par intérêt, tranquillement, et, si nous vous conservons, ce sera par intérêt, tranquillement.

> *Il prend la clé ; elle sort, il la regarde sortir.*

LA MÈRE

N'y faites pas trop attention, monsieur. Mais il est vrai qu'il y a des sujets qu'elle n'a jamais pu supporter.

> *Elle se lève et il veut l'aider.*

Laissez, mon fils, je ne suis pas infirme. Voyez ces mains qui sont encore fortes. Elles pourraient maintenir les jambes d'un homme.

> *Un temps. Il regarde sa clé.*

Ce sont mes paroles qui vous donnent à réfléchir ?

JAN

Non, pardonnez-moi, je vous ai à peine entendue.
Mais pourquoi m'avez-vous appelé « mon fils » ?

LA MÈRE

Oh ! je suis confuse ! Ce n'était pas par familiarité,
croyez-le. C'était une manière de parler.

JAN

Je comprends. *(Un temps.)* Puis-je monter dans ma
chambre ?

LA MÈRE

Allez, monsieur. Le vieux domestique vous attend
dans le couloir.

Il la regarde et veut parler.

Avez-vous besoin de quelque chose ?

JAN, *hésitant.*

Non, madame. Mais... je vous remercie de votre
accueil.

SCÈNE VII

*La mère est seule. Elle se rassied, pose ses
mains sur la table, et les contemple.*

LA MÈRE

Pourquoi lui avoir parlé de mes mains ? Si, pourtant,
il les avait regardées, peut-être aurait-il compris ce que
lui disait Martha.

Il aurait compris, il serait parti. Mais il ne comprend pas. Mais il veut mourir. Et moi je voudrais seulement qu'il s'en aille pour que je puisse, encore ce soir, me coucher et dormir. Trop vieille ! Je suis trop vieille pour refermer à nouveau mes mains autour de ses chevilles et contenir le balancement de son corps, tout le long du chemin qui mène à la rivière. Je suis trop vieille pour ce dernier effort qui le jettera dans l'eau et qui me laissera les bras ballants, la respiration coupée et les muscles noués, sans force pour essuyer sur ma figure l'eau qui aura jailli sous le poids du dormeur. Je suis trop vieille ! Allons, allons ! la victime est parfaite. Je dois lui donner le sommeil que je souhaitais pour ma propre nuit. Et c'est [1]...

Entre brusquement Martha.

SCÈNE VIII

MARTHA

À quoi rêvez-vous encore ? Vous savez pourtant que nous avons beaucoup à faire.

LA MÈRE

Je pensais à cet homme. Ou plutôt, je pensais à moi.

MARTHA

Il vaut mieux penser à demain. Soyez positive.

LA MÈRE

C'est le mot de ton père, Martha, je le reconnais. Mais je voudrais être sûre que c'est la dernière fois que nous serons obligées d'être positives. Bizarre! Lui disait cela pour chasser la peur du gendarme et toi, tu en uses seulement pour dissiper la petite envie d'honnêteté qui vient de me venir.

MARTHA

Ce que vous appelez une envie d'honnêteté, c'est seulement une envie de dormir. Suspendez votre fatigue jusqu'à demain et, ensuite, vous pourrez vous laisser aller.

LA MÈRE

Je sais que tu as raison. Mais avoue que ce voyageur ne ressemble pas aux autres.

MARTHA

Oui, il est trop distrait, il exagère l'allure de l'innocence. Que deviendrait le monde si les condamnés se mettaient à confier au bourreau leurs peines de cœur? C'est un principe qui n'est pas bon. Et puis son indiscrétion m'irrite. Je veux en finir.

LA MÈRE

C'est cela qui n'est pas bon. Auparavant, nous n'apportions ni colère ni compassion à notre travail; nous avions l'indifférence qu'il fallait. Aujourd'hui, moi, je suis fatiguée, et te voilà irritée. Faut-il donc s'entêter quand les choses se présentent mal et passer par-dessus tout pour un peu plus d'argent?

MARTHA

Non, pas pour l'argent, mais pour l'oubli de ce pays et pour une maison devant la mer. Si vous êtes fatiguée de votre vie, moi, je suis lasse à mourir de cet horizon fermé, et je sens que je ne pourrai pas y vivre un mois de plus. Nous sommes toutes deux excédées de cette auberge, et vous, qui êtes vieille, voulez seulement fermer les yeux et oublier. Mais moi, qui me sens encore dans le cœur un peu des désirs de mes vingt ans, je veux faire en sorte de les quitter pour toujours, même si, pour cela, il faut entrer un peu plus avant dans la vie que nous voulons déserter. Et il faut bien que vous m'y aidiez, vous qui m'avez mise au monde dans un pays de nuages et non sur une terre de soleil!

LA MÈRE

Je ne sais pas, Martha, si, dans un sens, il ne vaudrait pas mieux, pour moi, être oubliée comme je l'ai été par ton frère, plutôt que de m'entendre parler sur ce ton.

MARTHA

Vous savez bien que je ne voulais pas vous peiner. *(Un temps, et farouche.)* Que ferais-je sans vous à mes côtés, que deviendrais-je loin de vous? Moi, du moins, je ne saurais pas vous oublier et, si le poids de cette vie me fait quelquefois manquer au respect que je vous dois, je vous en demande pardon.

LA MÈRE

Tu es une bonne fille et j'imagine aussi qu'une vieille femme est parfois difficile à comprendre. Mais je veux profiter de ce moment pour te dire cela que, depuis tout à l'heure, j'essaie de te dire: pas ce soir...

MARTHA

Eh quoi ! nous attendrons demain ? Vous savez bien que nous n'avons jamais procédé ainsi, qu'il ne faut pas lui laisser le temps de voir du monde et qu'il faut agir pendant que nous l'avons sous la main.

LA MÈRE

Je ne sais pas. Mais pas ce soir. Laissons-lui cette nuit. Donnons-nous ce sursis. C'est par lui peut-être que nous nous sauverons.

MARTHA

Nous n'avons que faire d'être sauvées, ce langage est ridicule. Tout ce que vous pouvez espérer, c'est d'obtenir, en travaillant ce soir, le droit de vous endormir ensuite.

LA MÈRE

C'était cela que j'appelais être sauvée : dormir.

MARTHA

Alors, je vous le jure, ce salut est entre nos mains. Mère, nous devons nous décider. Ce sera ce soir ou ce ne sera pas.

RIDEAU

ACTE II

SCÈNE PREMIÈRE

La chambre. Le soir commence à entrer dans la pièce. Jan regarde par la fenêtre.

JAN

Maria a raison, cette heure est difficile. *(Un temps.)* Que fait-elle, que pense-t-elle dans sa chambre d'hôtel, le cœur fermé, les yeux secs, toute nouée au creux d'une chaise ? Les soirs de là-bas sont des promesses de bonheur. Mais ici, au contraire... *(Il regarde la chambre.)* Allons, cette inquiétude est sans raisons. Il faut savoir ce que l'on veut. C'est dans cette chambre que tout sera réglé.

On frappe brusquement. Entre Martha.

MARTHA

J'espère, monsieur, que je ne vous dérange pas. Je voudrais changer vos serviettes et votre eau.

JAN

Je croyais que cela était fait.

MARTHA

Non, le vieux domestique a quelquefois des distractions.

JAN

Cela n'a pas d'importance. Mais j'ose à peine vous
dire que vous ne me dérangez pas.

MARTHA

Pourquoi ?

JAN

Je ne suis pas sûr que cela soit dans nos conventions.

MARTHA

Vous voyez bien que vous ne pouvez pas répondre
comme tout le monde.

JAN, *il sourit.*

Il faut bien que je m'y habitue. Laissez-moi un peu
de temps.

MARTHA, *qui travaille.*

Vous partez bientôt. Vous n'aurez le temps de rien.

> *Il se détourne et regarde par la fenêtre. Elle
> l'examine. Il a toujours le dos tourné. Elle parle
> en travaillant.*

Je regrette, monsieur, que cette chambre ne soit pas
aussi confortable que vous pourriez le désirer.

JAN

Elle est particulièrement propre, c'est le plus important. Vous l'avez d'ailleurs récemment transformée, n'est-ce pas ?

MARTHA

Oui. Comment le voyez-vous ?

JAN

À des détails.

MARTHA

En tout cas, bien des clients regrettent l'absence d'eau courante et l'on ne peut pas vraiment leur donner tort. Il y a longtemps aussi que nous voulions faire placer une ampoule électrique au-dessus du lit. Il est désagréable, pour ceux qui lisent au lit, d'être obligés de se lever pour tourner le commutateur.

JAN, *il se retourne.*

En effet, je ne l'avais pas remarqué. Mais ce n'est pas un gros ennui.

MARTHA

Vous êtes très indulgent. Je me félicite que les nombreuses imperfections de notre auberge vous soient indifférentes. J'en connais d'autres qu'elles auraient suffi à chasser.

JAN

Malgré nos conventions, laissez-moi vous dire que vous êtes singulière. Il me semble, en effet, que ce n'est

pas le rôle de l'hôtelier de mettre en valeur les
défectuosités de son installation. On dirait, vraiment,
que vous cherchez à me persuader de partir.

MARTHA

Ce n'est pas tout à fait ma pensée. *(Prenant une
décision.)* Mais il est vrai que ma mère et moi hésitions
beaucoup à vous recevoir.

JAN

J'ai pu remarquer au moins que vous ne faisiez pas
beaucoup pour me retenir. Mais je ne comprends pas
pourquoi. Vous ne devez pas douter que je suis
solvable et je ne donne pas l'impression, j'imagine,
d'un homme qui a quelque méfait à se reprocher.

MARTHA

Non, ce n'est pas cela. Vous n'avez rien du malfai-
teur. Notre raison est ailleurs. Nous devons quitter cet
hôtel, et depuis quelque temps, nous projetions chaque
jour de fermer l'établissement pour commencer nos
préparatifs. Cela nous était facile, il nous vient rare-
ment des clients. Mais c'est avec vous que nous
comprenons à quel point nous avions abandonné l'idée
de reprendre notre ancien métier.

JAN

Avez-vous donc envie de me voir partir ?

MARTHA

Je vous l'ai dit, nous hésitons et, surtout, j'hésite. En
fait, tout dépend de moi et je ne sais encore à quoi me
décider.

JAN

Je ne veux pas vous être à charge, ne l'oubliez pas, et je ferai ce que vous voudrez. Je dois dire cependant que cela m'arrangerait de rester encore un ou deux jours. J'ai des affaires à mettre en ordre, avant de reprendre mes voyages, et j'espérais trouver ici la tranquillité et la paix qu'il me fallait.

MARTHA

Je comprends votre désir, croyez-le bien, et, si vous le voulez, j'y penserai encore.

> *Un temps. Elle fait un pas indécis vers la porte.*

Allez-vous donc retourner au pays d'où vous venez?

JAN

Peut-être.

MARTHA

C'est un beau pays, n'est-ce pas?

JAN, *il regarde par la fenêtre.*

Oui, c'est un beau pays.

MARTHA

On dit que, dans ces régions, il y a des plages tout à fait désertes?

JAN

C'est vrai. Rien n'y rappelle l'homme. Au petit matin, on trouve sur le sable les traces laissées par les pattes des oiseaux de mer. Ce sont les seuls signes de vie. Quant aux soirs...

Il s'arrête.

MARTHA, *doucement.*

Quant aux soirs, monsieur?

JAN

Ils sont bouleversants. Oui, c'est un beau pays.

MARTHA, *avec un nouvel accent.*

J'y ai souvent pensé. Des voyageurs m'en ont parlé, j'ai lu ce que j'ai pu. Souvent, comme aujourd'hui, au milieu de l'aigre printemps de ce pays, je pense à la mer et aux fleurs de là-bas. *(Un temps, puis, sourdement.)* Et ce que j'imagine me rend aveugle à tout ce qui m'entoure.

Il la regarde avec attention, s'assied doucement devant elle.

JAN

Je comprends cela. Le printemps de là-bas vous prend à la gorge[1]. Les fleurs éclosent par milliers au-dessus des murs blancs. Si vous vous promeniez une heure sur les collines qui entourent ma ville, vous rapporteriez dans vos vêtements l'odeur de miel des roses jaunes.

Elle s'assied aussi.

MARTHA

Cela est merveilleux. Ce que nous appelons le printemps, ici, c'est une rose et deux bourgeons qui viennent de pousser dans le jardin du cloître. *(Avec mépris.)* Cela suffit à remuer les hommes de mon pays. Mais leur cœur ressemble à cette rose avare. Un souffle plus puissant les fanerait, ils ont le printemps qu'ils méritent.

JAN

Vous n'êtes pas tout à fait juste. Car vous avez aussi l'automne.

MARTHA

Qu'est-ce que l'automne ?

JAN

Un deuxième printemps, où toutes les feuilles sont comme des fleurs. *(Il la regarde avec insistance.)* Peut-être en est-il ainsi des êtres que vous verriez fleurir, si seulement vous les aidiez de votre patience.

MARTHA

Je n'ai plus de patience en réserve pour cette Europe où l'automne a le visage du printemps et le printemps l'odeur de misère. Mais j'imagine avec délices cet autre pays où l'été écrase tout, où les pluies d'hiver noient les villes et où, enfin, les choses sont ce qu'elles sont.

> *Un silence. Il la regarde avec de plus en plus de curiosité. Elle s'en aperçoit et se lève brusquement.*

MARTHA

Pourquoi me regardez-vous ainsi ?

JAN

Pardonnez-moi, mais puisque, en somme, nous venons de laisser nos conventions, je puis bien vous le dire : il me semble que, pour la première fois, vous venez de me tenir un langage humain.

MARTHA, *avec violence.*

Vous vous trompez sans doute. Si même cela était, vous n'auriez pas de raison de vous en réjouir. Ce que j'ai d'humain n'est pas ce que j'ai de meilleur. Ce que j'ai d'humain, c'est ce que je désire, et pour obtenir ce que je désire, je crois que j'écraserais tout sur mon passage.

JAN, *il sourit.*

Ce sont des violences que je peux comprendre. Je n'ai pas besoin de m'en effrayer puisque je ne suis pas un obstacle sur votre chemin. Rien ne me pousse à m'opposer à vos désirs.

MARTHA

Vous n'avez pas de raisons de vous y opposer, cela est sûr. Mais vous n'en avez pas non plus de vous y prêter et, dans certains cas, cela peut tout précipiter.

JAN

Qui vous dit que je n'ai pas de raisons de m'y prêter ?

MARTHA

Le bon sens, et le désir où je suis de vous tenir en dehors de mes projets.

JAN

Si je comprends bien, nous voilà revenus à nos conventions.

MARTHA

Oui, et nous avons eu tort de nous en écarter, vous le voyez bien. Je vous remercie seulement de m'avoir parlé des pays que vous connaissez et je m'excuse de vous avoir peut-être fait perdre votre temps.

Elle est déjà près de la porte.

Je dois dire cependant que, pour ma part, ce temps n'a pas été tout à fait perdu. Il a réveillé en moi des désirs qui, peut-être, s'endormaient. S'il est vrai que vous teniez à rester ici, vous avez, sans le savoir, gagné votre cause. J'étais venue presque décidée à vous demander de partir, mais, vous le voyez, vous en avez appelé à ce que j'ai d'humain, et je souhaite maintenant que vous restiez. Mon goût pour la mer et les pays du soleil finira par y gagner.

Il la regarde un moment en silence.

JAN, *lentement.*

Votre langage est bien étrange. Mais je resterai, si je le puis, et si votre mère non plus n'y voit pas d'inconvénient.

MARTHA

Ma mère a des désirs moins forts que les miens, cela est naturel. Elle n'a donc pas les mêmes raisons que moi de souhaiter votre présence. Elle ne pense pas assez à la mer et aux plages sauvages pour admettre qu'il faille que vous restiez. C'est une raison qui ne vaut que pour moi. Mais, en même temps, elle n'a pas de motifs assez forts à m'opposer, et cela suffit à régler la question.

JAN

Si je comprends bien, l'une de vous m'admettra par intérêt et l'autre par indifférence?

MARTHA

Que peut demander de plus un voyageur?

Elle ouvre la porte.

JAN

Il faut donc m'en réjouir. Mais sans doute comprendrez-vous que tout ici me paraisse singulier, le langage et les êtres. Cette maison est vraiment étrange.

MARTHA

Peut-être est-ce seulement que vous vous y conduisez de façon étrange.

Elle sort.

SCÈNE II

JAN, *regardant vers la porte.*

Peut-être, en effet... *(Il va vers le lit et s'y assied.)* Mais cette fille me donne seulement le désir de partir, de retrouver Maria et d'être encore heureux. Tout cela est stupide. Qu'est-ce que je fais ici ? Mais non, j'ai la charge de ma mère et de ma sœur. Je les ai oubliées trop longtemps. *(Il se lève.)* Oui, c'est dans cette chambre que tout sera réglé.

Qu'elle est froide, cependant ! Je n'en reconnais rien, tout a été mis à neuf. Elle ressemble maintenant à toutes les chambres d'hôtel de ces villes étrangères où des hommes seuls arrivent chaque nuit. J'ai connu cela aussi. Il me semblait alors qu'il y avait une réponse à trouver. Peut-être la recevrai-je ici. *(Il regarde au-dehors.)* Le ciel se couvre. Et voici maintenant ma vieille angoisse, là, au creux de mon corps, comme une mauvaise blessure que chaque mouvement irrite. Je connais son nom. Elle est peur de la solitude éternelle, crainte qu'il n'y ait pas de réponse. Et qui répondrait dans une chambre d'hôtel[1] ?

> *Il s'est avancé vers la sonnette. Il hésite, puis il sonne. On n'entend rien. Un moment de silence, des pas, on frappe un coup. La porte s'ouvre. Dans l'encadrement, se tient le vieux domestique. Il reste immobile et silencieux.*

JAN

Ce n'est rien. Excusez-moi. Je voulais savoir seulement si quelqu'un répondait, si la sonnerie fonctionnait.

> *Le vieux le regarde, puis ferme la porte. Les pas s'éloignent.*

SCÈNE III

JAN

La sonnerie fonctionne, mais lui ne parle pas. Ce n'est pas une réponse. *(Il regarde le ciel.)* Que faire ?

> *On frappe deux coups. La sœur entre avec un plateau.*

SCÈNE IV

JAN

Qu'est-ce que c'est ?

MARTHA

Le thé que vous avez demandé.

JAN

Je n'ai rien demandé.

MARTHA

Ah ? Le vieux aura mal entendu. Il comprend souvent à moitié. *(Elle met le plateau sur la table. Jan fait un geste.)* Dois-je le remporter ?

JAN

Non, non, je vous remercie au contraire.

> *Elle le regarde. Elle sort.*

SCÈNE V

Il prend la tasse, la regarde, la pose à nouveau.

JAN

Un[1] verre de bière, mais contre mon argent ; une
tasse de thé, et par mégarde. *(Il prend la tasse et la tient un
moment en silence. Puis sourdement.)* Ô mon Dieu ! donnez-
moi de trouver mes mots ou faites que j'abandonne
cette vaine entreprise pour retrouver l'amour de
Maria. Donnez-moi alors la force de choisir ce que je
préfère et de m'y tenir. *(Il rit.)* Allons, faisons honneur
au festin du prodigue !

> *Il boit. On frappe fortement à la porte.*

Eh bien ?

> *La porte s'ouvre. Entre la mère.*

SCÈNE VI

LA MÈRE

Pardonnez-moi, monsieur, ma fille me dit qu'elle
vous a donné du thé.

JAN

Vous voyez.

LA MÈRE

Vous l'avez bu ?

JAN

Oui, pourquoi ?

LA MÈRE

Excusez-moi, je vais enlever le plateau.

JAN, *il sourit.*

Je regrette de vous avoir dérangée.

LA MÈRE

Ce n'est rien. En réalité, ce thé ne vous était pas destiné.

JAN

Ah ! c'est donc cela. Votre fille me l'a apporté sans que je l'aie commandé.

LA MÈRE, *avec une sorte de lassitude.*

Oui, c'est cela. Il eût mieux valu...

JAN, *surpris.*

Je le regrette, croyez-le, mais votre fille a voulu me le laisser quand même et je n'ai pas cru...

LA MÈRE

Je le regrette aussi. Mais ne vous excusez pas. Il s'agit seulement d'une erreur.

Elle range le plateau et va sortir.

JAN

Madame !

LA MÈRE

Oui.

JAN

Je viens de prendre une décision : je crois que je
partirai ce soir, après le dîner. Naturellement, je vous
paierai la chambre.

Elle le regarde en silence.

Je comprends que vous paraissiez surprise. Mais ne
croyez pas surtout que vous soyez responsable de'
quelque chose. Je ne me sens pour vous que des
sentiments de sympathie, et même de grande sympathie. Mais, pour être sincère, je ne suis pas à mon aise
ici, je préfère ne pas prolonger mon séjour.

LA MÈRE, *lentement.*

Cela ne fait rien, monsieur. En principe, vous êtes
tout à fait libre. Mais, d'ici le dîner, vous changerez
peut-être d'avis. Quelquefois, on obéit à l'impression
du moment et puis les choses s'arrangent et l'on finit
par s'habituer.

JAN

Je ne crois pas, madame. Je ne voudrais cependant
pas que vous vous imaginiez que je pars mécontent.
Au contraire, je vous suis très reconnaissant de
m'avoir accueilli comme vous l'avez fait. *(Il hésite.)* Il
m'a semblé sentir chez vous une sorte de bienveillance
à mon égard.

LA MÈRE

C'était tout à fait naturel, monsieur. Je n'avais pas de raisons personnelles de vous marquer de l'hostilité.

JAN, *avec une émotion contenue.*

Peut-être, en effet. Mais, si je vous dis cela, c'est que je désire vous quitter en bons termes. Plus tard, peut-être, je reviendrai. J'en suis même sûr. Mais, pour l'instant, j'ai le sentiment de m'être trompé et de n'avoir rien à faire ici. Pour tout vous dire, j'ai l'impression pénible que cette maison n'est pas la mienne.

Elle le regarde toujours.

LA MÈRE

Oui, bien sûr. Mais, d'ordinaire, ce sont des choses qu'on sent tout de suite.

JAN

Vous avez raison. Voyez-vous, je suis un peu distrait. Et puis ce n'est jamais facile de revenir dans un pays que l'on a quitté depuis longtemps. Vous devez comprendre cela.

LA MERE

Je vous comprends, monsieur, et j'aurais voulu que les choses s'arrangent pour vous. Mais je crois que, pour notre part, nous ne pouvons rien faire.

JAN

Oh! cela est sûr et je ne vous reproche rien. Vous êtes seulement les premières personnes que je rencon-

tre depuis mon retour et il est naturel que je sente
d'abord avec vous les difficultés qui m'attendent. Bien
entendu, tout vient de moi, je suis encore dépaysé.

LA MÈRE

Quand les choses s'arrangent mal, on ne peut rien y
faire. Dans un certain sens, cela m'ennuie aussi que
vous ayez décidé de partir. Mais je me dis qu'après
tout, je n'ai pas de raisons d'y attacher de l'importance.

JAN

C'est beaucoup déjà que vous partagiez mon ennui
et que vous fassiez l'effort de me comprendre. Je ne
sais pas si je saurais bien vous exprimer à quel point ce
que vous venez de dire me touche et me fait plaisir. *(Il
a un geste vers elle.)* Voyez-vous...

LA MÈRE

C'est notre métier de nous rendre agréables à tous
nos clients.

JAN, *découragé.*

Vous avez raison. *(Un temps.)* En somme, je vous
dois seulement des excuses et, si vous le jugez bon, un
dédommagement...

> *Il passe sa main sur son front. Il semble plus
> fatigué. Il parle moins facilement.*

Vous avez pu faire des préparatifs, engager des frais,
et il est tout à fait naturel...

LA MÈRE

Nous n'avons certes pas de dédommagement à vous demander. Ce n'est pas pour nous que je regrettais votre incertitude, c'est pour vous.

JAN, *il s'appuie à la table.*

Oh! cela ne fait rien. L'essentiel est que nous soyons d'accord et que vous ne gardiez pas de moi un trop mauvais souvenir. Je n'oublierai pas votre maison, croyez-le bien, et j'espère que, le jour où j'y reviendrai, je serai dans de meilleures dispositions.

Elle marche sans un mot vers la porte.

JAN

Madame!

Elle se retourne. Il parle avec difficulté, mais finit plus aisément qu'il n'a commencé.

Je voudrais... *(Il s'arrête.)* Pardonnez-moi, mais mon voyage m'a fatigué. *(Il s'assied sur le lit.)* Je voudrais, du moins, vous remercier... Je tiens aussi à ce que vous le sachiez, ce n'est pas comme un hôte indifférent que je quitterai cette maison.

LA MÈRE

Je vous en prie, monsieur.

Elle sort.

SCÈNE VII

Il la regarde sortir. Il fait un geste, mais donne, en même temps, des signes de fatigue. Il semble céder à la lassitude et s'accoude à l'oreiller.

JAN

Je[1] reviendrai demain avec Maria, et je dirai : « C'est moi. » Je les rendrai heureuses. Tout cela est évident. Maria avait raison. *(Il soupire, s'étend à moitié.)* Oh ! je n'aime pas ce soir où tout est si lointain. *(Il est tout à fait couché, il dit des mots qu'on n'entend pas, d'une voix à peine perceptible.)* Oui ou non ?

Il remue. Il dort. La scène est presque dans la nuit. Long silence. La porte s'ouvre. Entrent les deux femmes avec une lumière. Le vieux domestique les suit[2].

SCÈNE VIII

MARTHA, *après avoir éclairé le corps, d'une voix étouffée.*

Il dort.

LA MÈRE, *de la même voix, mais qu'elle élève peu à peu.*

Non, Martha ! Je n'aime pas cette façon de me forcer la main. Tu me traînes à cet acte. Tu commences, pour m'obliger à finir. Je n'aime pas cette façon de passer par-dessus mon hésitation.

MARTHA

C'est une façon de tout simplifier. Dans le trouble où vous étiez, c'était à moi de vous aider en agissant.

LA MÈRE

Je sais bien qu'il fallait que cela finisse. Il n'empêche. Je n'aime pas cela.

MARTHA

Allons, pensez plutôt à demain et faisons vite.

> *Elle fouille le veston et en tire un portefeuille dont elle compte les billets. Elle vide toutes les poches du dormeur. Pendant cette opération, le passeport tombe et glisse derrière le lit. Le vieux domestique va le ramasser sans que les femmes le voient et se retire.*

MARTHA

Voilà. Tout est prêt. Dans un instant, les eaux de la rivière seront pleines. Descendons. Nous viendrons le chercher quand nous entendrons l'eau couler par-dessus le barrage. Venez !

LA MÈRE, *avec calme.*

Non, nous sommes bien ici.

> *Elle s'assied.*

MARTHA

Mais... *(Elle regarde sa mère, puis avec défi.)* Ne croyez pas que cela m'effraie. Attendons ici.

LA MÈRE

Mais oui, attendons. Attendre est bon, attendre est reposant. Tout à l'heure, il faudra le porter tout le long du chemin, jusqu'à la rivière. Et d'avance j'en suis fatiguée, d'une fatigue tellement vieille que mon sang ne peut plus la digérer. *(Elle oscille sur elle-même comme si elle dormait à moitié.)* Pendant ce temps, lui ne se doute de rien. Il dort. Il en a terminé avec ce monde. Tout lui sera facile, désormais. Il passera seulement d'un sommeil peuplé d'images à un sommeil sans rêves. Et ce qui, pour tout le monde, est un affreux arrachement ne sera pour lui qu'un long dormir.

MARTHA, *avec défi.*

Réjouissons-nous donc ! Je n'avais pas de raisons de le haïr, et je suis heureuse que la souffrance au moins lui soit épargnée. Mais... il me semble que les eaux montent. *(Elle écoute, puis sourit.)* Mère, mère, tout sera fini bientôt.

LA MÈRE, *même jeu.*

Oui, tout sera fini. Les eaux montent. Pendant ce temps, lui ne se doute de rien. Il dort. Il ne connaît plus la fatigue du travail à décider, du travail à terminer. Il dort, il n'a plus à se raidir, à se forcer, à exiger de lui-même ce qu'il ne peut pas faire. Il ne porte plus la croix de cette vie intérieure qui proscrit le repos, la distraction, la faiblesse... Il dort et ne pense plus, il n'a plus de devoirs ni de tâches, non, non, et moi, vieille et fatiguée, oh ! je l'envie de dormir maintenant et de devoir mourir bientôt. *(Silence.)* Tu ne dis rien, Martha ?

MARTHA

Non. J'écoute. J'attends le bruit des eaux.

LA MÈRE

Dans un moment. Dans un moment seulement. Oui, encore un moment. Pendant ce temps, au moins, le bonheur est encore possible.

MARTHA

Le bonheur sera possible ensuite. Pas avant.

LA MÈRE

Savais-tu, Martha, qu'il voulait partir ce soir?

MARTHA

Non, je ne le savais pas. Mais, le sachant, j'aurais agi de même. Je l'avais décidé.

LA MÈRE

Il me l'a dit tout à l'heure, et je ne savais que lui répondre.

MARTHA

Vous l'avez donc vu?

LA MÈRE

Je suis montée ici, pour l'empêcher de boire. Mais il était trop tard.

MARTHA

Oui, il était trop tard! Et puisqu'il faut vous le dire, c'est lui qui m'y a décidée. J'hésitais. Mais il m'a parlé

des pays que j'attends et, pour avoir su me toucher, il
m'a donné des armes contre lui. C'est ainsi que
l'innocence est récompensée.

LA MÈRE

Pourtant, Martha, il avait fini par comprendre. Il
m'a dit qu'il sentait que cette maison n'était pas la
sienne.

MARTHA, *avec force et impatience.*

Et cette maison, en effet, n'est pas la sienne, mais
c'est qu'elle n'est celle de personne. Et personne n'y
trouvera jamais l'abandon ni la chaleur. S'il avait
compris cela plus vite, il se serait épargné et nous
aurait évité d'avoir à lui apprendre que cette chambre
est faite pour qu'on y dorme et ce monde pour qu'on y
meure. Assez maintenant, nous... *(On entend au loin le
bruit des eaux.)* Écoutez, l'eau coule par-dessus le
barrage. Venez, mère, et pour l'amour de ce Dieu que
vous invoquez quelquefois, finissons-en.

La mère fait un pas vers le lit.

LA MÈRE

Allons! Mais il me semble que cette aube n'arrivera
jamais.

RIDEAU

ACTE III

SCÈNE PREMIÈRE

La mère, Martha et le domestique sont en scène. Le vieux balaie et range. La sœur est derrière le comptoir, tirant ses cheveux en arrière. La mère traverse le plateau, se dirigeant vers la porte.

MARTHA

Vous voyez bien que cette aube est arrivée.

LA MÈRE

Oui. Demain, je trouverai que c'est une bonne chose que d'en avoir fini. Maintenant, je ne sens que ma fatigue.

MARTHA

Ce matin est, depuis des années, le premier où je respire. Il me semble que j'entends déjà la mer. Il y a en moi une joie qui va me faire crier.

LA MÈRE

Tant mieux, Martha, tant mieux. Mais je me sens maintenant si vieille que je ne peux rien partager avec toi. Demain, tout ira mieux.

MARTHA

Oui, tout ira mieux, je l'espère. Mais ne vous plaignez pas encore et laissez-moi être heureuse à loisir. Je redeviens la jeune fille que j'étais. De nouveau, mon corps brûle, j'ai envie de courir. Oh! dites-moi seulement...

Elle s'arrête.

LA MÈRE

Qu'y a-t-il, Martha? Je ne te reconnais plus.

MARTHA

Mère... *(Elle hésite, puis avec feu.)* Suis-je encore belle?

LA MÈRE

Tu l'es, ce matin. Le crime est beau.

MARTHA

Qu'importe maintenant le crime! Je nais pour la seconde fois, je vais rejoindre la terre où je serai heureuse.

LA MÈRE

Bien. Je vais aller me reposer. Mais je suis contente de savoir que la vie va enfin commencer pour toi.

Le vieux domestique apparaît en haut de l'escalier, descend vers Martha, lui tend le passeport, puis sort sans rien dire. Martha ouvre le passeport et le lit, sans réaction.

LA MÈRE

Qu'est-ce que c'est?

MARTHA, *d'une voix calme.*

Son passeport. Lisez.

LA MÈRE

Tu sais bien que mes yeux sont fatigués.

MARTHA

Lisez ! Vous saurez son nom [1].

> *La mère prend le passeport, vient s'asseoir*
> *devant une table, étale le carnet et lit. Elle*
> *regarde longtemps les pages devant elle.*

LA MÈRE, *d'une voix neutre.*

Allons, je savais bien qu'un jour cela tournerait de cette façon et qu'alors il faudrait en finir.

MARTHA, *elle vient se placer devant le comptoir.*

Mère !

LA MÈRE, *de même.*

Laisse, Martha, j'ai bien assez vécu. J'ai vécu beaucoup plus longtemps que mon fils. Je ne l'ai pas reconnu et je l'ai tué. Je peux maintenant aller le rejoindre au fond de cette rivière où les herbes couvrent déjà son visage.

MARTHA

Mère ! Vous n'allez pas me laisser seule ?

LA MÈRE

Tu m'as bien aidée, Martha, et je regrette de te quitter. Si cela peut encore avoir du sens, je dois témoigner qu'à ta manière tu as été une bonne fille. Tu m'as toujours rendu le respect que tu me devais. Mais maintenant, je suis lasse et mon vieux cœur, qui se croyait détourné de tout, vient de réapprendre la douleur. Je ne suis plus assez jeune pour m'en arranger. Et de toute façon, quand une mère n'est plus capable de reconnaître son fils, c'est que son rôle sur la terre est fini.

MARTHA

Non, si le bonheur de sa fille est encore à construire. Je ne comprends pas ce que vous me dites. Je ne reconnais pas vos mots. Ne m'avez-vous pas appris à ne rien respecter ?

LA MÈRE, *de la même voix indifférente.*

Oui, mais, moi, je viens d'apprendre que j'avais tort et que sur cette terre où rien n'est assuré, nous avons nos certitudes. *(Avec amertume.)* L'amour d'une mère pour son fils est aujourd'hui ma certitude.

MARTHA

N'êtes-vous donc pas certaine qu'une mère puisse aimer sa fille ?

LA MÈRE

Je ne voudrais pas te blesser maintenant, Martha, mais il est vrai que ce n'est pas la même chose. C'est moins fort. Comment pourrais-je me passer de l'amour de mon fils ?

MARTHA, *avec éclat.*

Bel amour qui vous oublia vingt ans !

LA MÈRE

Oui, bel amour qui survit à vingt ans de silence. Mais qu'importe! cet amour est assez beau pour moi, puisque je ne peux vivre en dehors de lui.

Elle se lève.

MARTHA

Il n'est pas possible que vous disiez cela sans l'ombre d'une révolte et sans une pensée pour votre fille.

LA MÈRE

Non, je n'ai de pensée pour rien et moins encore de révolte. C'est la punition, Martha, et je suppose qu'il est une heure où tous les meurtriers sont comme moi, vidés par l'intérieur, stériles, sans avenir possible. C'est pour cela qu'on les supprime, ils ne sont bons à rien.

MARTHA

Vous tenez un langage que je méprise et je ne puis vous entendre parler de crime et de punition.

LA MÈRE

Je dis ce qui me vient à la bouche, rien de plus. Ah! j'ai perdu ma liberté, c'est l'enfer qui a commencé!

MARTHA, *elle vient vers elle,*
et avec violence.

Vous ne disiez pas cela auparavant. Et pendant toutes ces années, vous avez continué à vous tenir près de moi et à prendre d'une main ferme les jambes de ceux qui devaient mourir. Vous ne pensiez pas alors à la liberté et à l'enfer. Vous avez continué. Que peut changer votre fils à cela ?

LA MÈRE

J'ai continué, il est vrai. Mais par habitude, comme une morte. Il suffisait de la douleur pour tout transformer. C'est cela que mon fils est venu changer.

> *Martha fait un geste pour parler.*

Je sais, Martha, cela n'est pas raisonnable. Que signifie la douleur pour une criminelle ? Mais aussi, tu le vois, ce n'est pas une vraie douleur de mère : je n'ai pas encore crié. Ce n'est rien d'autre que la souffrance de renaître à l'amour, et cependant elle me dépasse. Je sais aussi que cette souffrance non plus n'a pas de raison. *(Avec un accent nouveau.)* Mais ce monde lui-même n'est pas raisonnable et je puis bien le dire, moi qui en ai tout goûté, depuis la création jusqu'à la destruction.

> *Elle se dirige avec décision vers la porte, mais Martha la devance et se place devant l'entrée.*

MARTHA

Non, mère, vous ne me quitterez pas. N'oubliez pas que je suis celle qui est restée et que lui était parti, que vous m'avez eue près de vous toute une vie et que lui vous a laissée dans le silence. Cela doit se payer. Cela doit entrer dans le compte. Et c'est vers moi que vous devez revenir.

LA MÈRE, *doucement.*

Il est vrai, Martha, mais lui, je l'ai tué !

*Martha s'est détournée un peu, la tête en
arrière, semblant regarder la porte.*

MARTHA, *après un silence,
avec une passion croissante.*

Tout ce que la vie peut donner à un homme lui a été
donné. Il a quitté ce pays. Il a connu d'autres espaces,
la mer, des êtres libres. Moi, je suis restée ici. Je suis
restée, petite et sombre, dans l'ennui, enfoncée au
cœur du continent et j'ai grandi dans l'épaisseur des
terres. Personne n'a embrassé ma bouche et même
vous, n'avez vu mon corps sans vêtements. Mère, je
vous le jure, cela doit se payer. Et sous le vain prétexte
qu'un homme est mort, vous ne pouvez vous dérober
au moment où j'allais recevoir ce qui m'est dû.
Comprenez donc que, pour un homme qui a vécu, la
mort est une petite affaire. Nous pouvons oublier mon
frère et votre fils. Ce qui lui est arrivé est sans
importance : il n'avait plus rien à connaître. Mais moi,
vous me frustrez de tout et vous m'ôtez ce dont il a
joui. Faut-il donc qu'il m'enlève encore l'amour de ma
mère et qu'il vous emmène pour toujours dans sa
rivière glacée ?

*Elles se regardent en silence. La sœur baisse les
yeux.*
Très bas.

Je me contenterais de si peu. Mère, il y a des mots
que je n'ai jamais su prononcer, mais il me semble
qu'il y aurait de la douceur à recommencer notre vie
de tous les jours.

La mère s'est avancée vers elle.

LA MÈRE

Tu l'avais reconnu?

MARTHA, *relevant brusquement la tête.*

Non! je ne l'avais pas reconnu. Je n'avais gardé de lui aucune image, cela est arrivé comme ce devait arriver. Vous l'avez dit vous-même, ce monde n'est pas raisonnable. Mais vous n'avez pas tout à fait tort de me poser cette question. Car si je l'avais reconnu, je sais maintenant que cela n'aurait **rien** changé.

LA MÈRE

Je veux croire que cela n'est pas vrai. Les pires meurtriers connaissent les heures où l'on désarme

MARTHA

Je les connais aussi. Mais ce n'est pas devant un frère inconnu et indifférent que j'aurais baissé le front.

LA MÈRE

Devant qui donc alors?

Martha baisse le front.

MARTHA

Devant vous.

Silence.

LA MÈRE, *lentement.*

Trop tard, Martha. Je ne peux plus rien pour toi. *(Elle se retourne vers sa fille.)* Est-ce que tu pleures, Martha? Non, tu ne saurais pas. Te souviens-tu du temps où je t'embrassais?

MARTHA

Non, mère.

LA MÈRE

Tu as raison. Il y a longtemps de cela et j'ai très vite oublié de te tendre les bras. Mais je n'ai pas cessé de t'aimer. *(Elle écarte doucement Martha qui lui cède peu à peu le passage.)* Je le sais maintenant puisque mon cœur parle ; je vis à nouveau, au moment où je ne puis plus supporter de vivre.

Le passage est libre.

MARTHA, *mettant son visage dans ses mains.*

Mais qu'est-ce donc qui peut être plus fort que la détresse de votre fille ?

LA MÈRE

La fatigue peut-être, et la soif de repos.

Elle sort sans que sa fille s'y oppose.

SCÈNE II

Martha court vers la porte, la ferme brutale-ment, se colle contre elle. Elle éclate en cris sauvages.

MARTHA

Non ! je n'avais pas à veiller sur mon frère, et pourtant me voilà exilée dans mon propre pays ; ma mère elle-même m'a rejetée[1]. Mais je n'avais pas à

veiller sur mon frère, ceci est l'injustice qu'on fait à
l'innocence. Le voilà qui a obtenu maintenant ce qu'il
voulait, tandis que je reste solitaire, loin de la mer dont
j'avais soif. Oh! je le hais. Toute ma vie s'est passée
dans l'attente de cette vague qui m'emporterait et je
sais qu'elle ne viendra plus! Il me faut demeurer avec,
à ma droite et à ma gauche, devant et derrière moi,
une foule de peuples et de nations, de plaines et de
montagnes, qui arrêtent le vent de la mer et dont les
jacassements et les murmures étouffent son appel
répété. *(Plus bas.)* D'autres ont plus de chance! Il est
des lieux pourtant éloignés de la mer où le vent du soir,
parfois, apporte une odeur d'algue. Il y parle de plages
humides, toutes sonores du cri des mouettes, ou de
grèves dorées dans des soirs sans limites. Mais le vent
s'épuise bien avant d'arriver ici; plus jamais je n'aurai
ce qui m'est dû. Quand même je collerais mon oreille
contre terre, je n'entendrais pas le choc des vagues ou
la respiration mesurée de la mer heureuse. Je suis trop
loin de ce que j'aime et ma distance est sans remède. Je
le hais, je le hais pour avoir obtenu ce qu'il voulait!
Moi, j'ai pour patrie ce lieu clos et épais où le ciel est
sans horizon, pour ma faim l'aigre prunier de ce pays
et rien pour ma soif, sinon le sang que j'ai répandu.
Voilà le prix qu'il faut payer pour la tendresse d'une
mère!

Qu'elle meure donc, puisque je ne suis pas aimée!
Que les portes se referment autour de moi! Qu'elle me
laisse à ma juste colère! Car, avant de mourir, je ne
lèverai pas les yeux pour implorer le Ciel. Là-bas, où
l'on peut fuir, se délivrer, presser son corps contre un
autre, rouler dans la vague, dans ce pays défendu par
la mer, les dieux n'abordent pas. Mais ici, où le regard

s'arrête de tous côtés, toute la terre est dessinée pour que le visage se lève et que le regard supplie. Oh! je hais ce monde où nous en sommes réduits à Dieu. Mais moi, qui souffre d'injustice, on ne m'a pas fait droit, je ne m'agenouillerai pas. Et privée de ma place sur cette terre, rejetée par ma mère, seule au milieu de mes crimes, je quitterai ce monde sans être réconciliée.

On frappe à la porte.

SCÈNE III

MARTHA

Qui est là?

MARIA

Une voyageuse.

MARTHA

On ne reçoit plus de clients.

MARIA

Je viens rejoindre mon mari.

Elle entre.

MARTHA, *la regardant.*

Qui est votre mari?

MARIA

Il est arrivé ici hier et devait me rejoindre ce matin. Je suis étonnée qu'il ne l'ait pas fait.

MARTHA

Il avait dit que sa femme était à l'étranger.

MARIA

Il a ses raisons pour cela. Mais nous devions nous retrouver maintenant.

MARTHA, *qui n'a pas cessé de la regarder.*

Cela vous sera difficile. Votre mari n'est plus ici.

MARIA

Que dites-vous là? N'a-t-il pas pris une chambre chez vous?

MARTHA

Il avait pris une chambre, mais il l'a quittée dans la nuit.

MARIA

Je ne puis le croire, je sais toutes les raisons qu'il a de rester dans cette maison. Mais votre ton m'inquiète. Dites-moi ce que vous avez à me dire.

MARTHA

Je n'ai rien à vous dire, sinon que votre mari n'est plus là.

MARIA

Il n'a pu partir sans moi, je ne vous comprends pas. Vous a-t-il quittées définitivement ou a-t-il dit qu'il reviendrait?

MARTHA

Il nous a quittées définitivement.

MARIA

Écoutez. Depuis hier, je supporte, dans ce pays étranger, une attente qui a épuisé toute ma patience. Je suis venue, poussée par l'inquiétude, et je ne suis pas décidée à repartir sans avoir vu mon mari ou sans savoir où le retrouver.

MARTHA

Ce n'est pas mon affaire.

MARIA

Vous vous trompez. C'est aussi votre affaire. Je ne sais pas si mon mari approuvera ce que je vais vous dire, mais je suis lasse de ces complications. L'homme qui est arrivé chez vous, hier matin, est le frère dont vous n'entendez plus parler depuis des années.

MARTHA

Vous ne m'apprenez rien.

MARIA, *avec éclat.*

Mais alors, qu'est-il donc arrivé? Pourquoi votre frère n'est-il pas dans cette maison? Ne l'avez-vous pas reconnu et, votre mère et vous, n'avez-vous pas été heureuses de ce retour?

MARTHA

Votre mari n'est plus là parce qu'il est mort.

> *Maria a un sursaut et reste un moment*
> *silencieuse, regardant fixement Martha. Puis elle*
> *fait mine de s'approcher d'elle et sourit.*

MARIA

Vous plaisantez, n'est-ce pas ? Jan m'a souvent dit que, petite fille, déjà, vous vous plaisiez à déconcerter. Nous sommes presque sœurs et...

MARTHA

Ne me touchez pas. Restez à votre place. Il n'y a rien de commun entre nous. *(Un temps.)* Votre mari est mort cette nuit, je vous assure que cela n'est pas une plaisanterie. Vous n'avez plus rien à faire ici.

MARIA

Mais vous êtes folle, folle à lier ! C'est trop soudain et je ne peux pas vous croire. Où est-il ? Faites que je le voie mort et alors seulement je croirai ce que je ne puis même pas imaginer.

MARTHA

C'est impossible. Là où il est, personne ne peut le voir.

> *Maria a un geste vers elle.*

Ne me touchez pas et restez où vous êtes... Il est au fond de la rivière où ma mère et moi l'avons porté, cette nuit, après l'avoir endormi. Il n'a pas souffert, mais il n'empêche qu'il est mort, et c'est nous, sa mère et moi, qui l'avons tué.

MARIA, *elle recule.*

Non, non... c'est moi qui suis folle et qui entends des mots qui n'ont encore jamais retenti sur cette terre. Je savais que rien de bon ne m'attendait ici, mais je ne suis pas prête à entrer dans cette démence. Je ne comprends pas, je ne vous comprends pas...

MARTHA

Mon rôle n'est pas de vous persuader, mais seulement de vous informer. Vous viendrez de vous-même à l'évidence.

MARIA, *avec une sorte de distraction.*

Pourquoi, pourquoi avez-vous fait cela?

MARTHA

Au nom de quoi me questionnez-vous?

MARIA, *dans un cri.*

Au nom de mon amour!

MARTHA

Qu'est-ce que ce mot veut dire?

MARIA

Il veut dire tout ce qui, à présent, me déchire et me mord, ce délire qui ouvre mes mains pour le meurtre. N'était cette incroyance entêtée qui me reste dans le cœur, vous apprendriez, folle, ce que ce mot veut dire, en sentant votre visage se déchirer sous mes ongles.

MARTHA

Vous parlez décidément un langage que je ne comprends pas. J'entends mal les mots d'amour, de joie ou de douleur.

MARIA, *avec un grand effort.*

Écoutez, cessons ce jeu, si c'en est un. Ne nous égarons pas en paroles vaines. Dites-moi, bien claire-ment, ce que je veux savoir bien clairement, avant de m'abandonner.

MARTHA

Il est difficile d'être plus claire que je l'ai été. Nous avons tué votre mari cette nuit, pour lui prendre son argent, comme nous l'avions fait déjà pour quelques voyageurs avant lui.

MARIA

Sa mère et sa sœur étaient donc des criminelles ?

MARTHA

Oui.

MARIA, *toujours avec le même effort.*

Aviez-vous appris déjà qu'il était votre frère ?

MARTHA

Si vous voulez le savoir, il y a eu malentendu. Et pour peu que vous connaissiez le monde, vous ne vous en étonnerez pas.

MARIA, *retournant vers la table,*
les poings contre la poitrine,
d'une voix sourde.

Oh! mon Dieu, je savais que cette comédie ne pouvait être que sanglante, et que lui et moi serions punis de nous y prêter. Le malheur était dans ce ciel. *(Elle s'arrête devant la table et parle sans regarder Martha.)* Il voulait se faire reconnaître de vous, retrouver sa maison, vous apporter le bonheur, mais il ne savait pas trouver la parole qu'il fallait. Et pendant qu'il cherchait ses mots, on le tuait. *(Elle se met à pleurer.)* Et vous, comme deux insensées, aveugles devant le fils merveilleux qui vous revenait... car il était merveilleux, et vous ne savez pas quel cœur fier, quelle âme exigeante vous venez de tuer! Il pouvait être votre orgueil, comme il a été le mien. Mais, hélas! vous étiez son ennemie, vous êtes son ennemie, vous qui pouvez parler froidement de ce qui devrait vous jeter dans la rue et vous tirer des cris de bête!

MARTHA

Ne jugez de rien, car vous ne savez pas tout. À l'heure qu'il est, ma mère a rejoint son fils. Le flot commence à les ronger. On les découvrira bientôt et ils se retrouveront dans la même terre. Mais je ne vois pas qu'il y ait encore là de quoi me tirer des cris. Je me fais une autre idée du cœur humain et, pour tout dire, vos larmes me répugnent.

MARIA, *se retournant contre elle*
avec haine.

Ce sont les larmes des joies perdues à jamais. Cela vaut mieux pour vous que cette douleur sèche qui va bientôt me venir et qui pourrait vous tuer sans un tremblement.

MARTHA

Il n'y a pas là de quoi m'émouvoir. Vraiment, ce serait peu de chose. Moi aussi, j'en ai assez vu et entendu, j'ai décidé de mourir à mon tour. Mais je ne veux pas me mêler à eux. Qu'ai-je à faire dans leur compagnie ? Je les laisse à leur tendresse retrouvée, à leurs caresses obscures. Ni vous ni moi n'y avons plus de part, ils nous sont infidèles à jamais. Heureusement, il me reste ma chambre, il sera bon d'y mourir seule.

MARIA

Ah ! vous pouvez mourir, le monde peut crouler, j'ai perdu celui que j'aime. Il me faut maintenant vivre dans cette terrible solitude où la mémoire est un supplice.

Martha vient derrière elle et parle par-dessus sa tête.

MARTHA

N'exagérons rien. Vous avez perdu votre mari et j'ai perdu ma mère. Après tout, nous sommes quittes. Mais vous ne l'avez perdu qu'une fois, après en avoir joui pendant des années et sans qu'il vous ait rejetée. Moi, ma mère m'a rejetée. Maintenant elle est morte et je l'ai perdue deux fois.

MARIA

Il voulait vous apporter sa fortune, vous rendre heureuses toutes les deux. Et c'est à cela qu'il pensait, seul, dans sa chambre, au moment où vous prépariez sa mort.

> MARTHA, *avec un accent*
> *soudain désespéré.*

Je suis quitte aussi avec votre mari, car j'ai connu sa détresse. Je croyais comme lui avoir ma maison. J'imaginais que le crime était notre foyer et qu'il nous avait unies, ma mère et moi, pour toujours. Vers qui donc, dans le monde, aurais-je pu me tourner, sinon vers celle qui avait tué en même temps que moi ? Mais je me trompais. Le crime aussi est une solitude, même si on se met à mille pour l'accomplir. Et il est juste que je meure seule, après avoir vécu et tué seule.

> *Maria se tourne vers elle dans les larmes.*

> MARTHA, *reculant et reprenant sa voix dure.*

Ne me touchez pas, je vous l'ai déjà dit. À la pensée qu'une main humaine puisse m'imposer sa chaleur avant de mourir, à la pensée que n'importe quoi qui ressemble à la hideuse tendresse des hommes puisse me poursuivre encore, je sens toutes les fureurs du sang remonter à mes tempes.

> *Elles se font face, très près l'une de l'autre.*

> MARIA

Ne craignez rien. Je vous laisserai mourir comme vous le désirez. Je suis aveugle, je ne vous vois plus ! Et ni votre mère, ni vous, ne serez jamais que des visages fugitifs, rencontrés et perdus au cours d'une tragédie qui n'en finira pas. Je ne sens pour vous ni haine ni compassion. Je ne peux plus aimer ni détester personne. *(Elle cache soudain son visage dans ses mains.)* En vérité, j'ai à peine eu le temps de souffrir ou de me révolter. Le malheur était plus grand que moi.

> *Martha, qui s'est détournée et a fait quelques pas vers la porte, revient vers Maria.*

MARTHA

Mais pas encore assez grand puisqu'il vous a laissé des larmes. Et avant de vous quitter pour toujours, je vois qu'il me reste quelque chose à faire. Il me reste à vous désespérer.

MARIA, *la regardant avec effroi.*

Oh! laissez-moi, allez-vous-en et laissez-moi!

MARTHA

Je vais vous laisser, en effet, et pour moi aussi ce sera un soulagement, je supporte mal votre amour et vos pleurs. Mais je ne puis mourir en vous laissant l'idée que vous avez raison, que l'amour n'est pas vain, et que ceci est un accident. Car c'est maintenant que nous sommes dans l'ordre. Il faut vous en persuader.

MARIA

Quel ordre?

MARTHA

Celui où personne n'est jamais reconnu.

MARIA, *égarée.*

Que m'importe, je vous entends à peine. Mon cœur est déchiré. Il n'a de curiosité que pour celui que vous avez tué.

MARTHA, *avec violence.*

Taisez-vous ! Je ne veux plus entendre parler de lui, je le déteste. Il ne vous est plus rien. Il est entré dans la maison amère où l'on est exilé pour toujours. L'imbécile ! il a ce qu'il voulait, il a retrouvé celle qu'il cherchait. Nous voilà tous dans l'ordre. Comprenez que ni pour lui ni pour nous, ni dans la vie ni dans la mort, il n'est de patrie ni de paix. *(Avec un rire méprisant.)* Car on ne peut appeler patrie, n'est-ce pas, cette terre épaisse, privée de lumière, où l'on s'en va nourrir des animaux aveugles.

MARIA, *dans les larmes.*

Oh ! mon Dieu, je ne peux pas, je ne peux pas supporter ce langage. Lui non plus ne l'aurait pas supporté. C'est pour une autre patrie qu'il s'était mis en marche.

MARTHA, *qui a atteint la porte,*
se retournant brusquement.

Cette folie a reçu son salaire. Vous recevrez bientôt le vôtre. *(Avec le même rire.)* Nous sommes volés, je vous le dis. À quoi bon ce grand appel de l'être, cette alerte des âmes ? Pourquoi crier vers la mer ou vers l'amour ? Cela est dérisoire. Votre mari connaît maintenant la réponse, cette maison épouvantable où nous serons enfin serrés les uns contre les autres. *(Avec haine.)* Vous la connaîtrez aussi, et si vous le pouviez alors, vous vous souviendriez avec délices de ce jour où pourtant vous vous croyiez entrée dans le plus déchirant des exils. Comprenez que votre douleur ne s'égalera jamais à l'injustice qu'on fait à l'homme et pour finir,

écoutez mon conseil. Je vous dois bien un conseil,
n'est-ce pas, puisque je vous ai tué votre mari !

Priez votre Dieu qu'il vous fasse semblable à la
pierre. C'est le bonheur qu'il prend pour lui, c'est le
seul vrai bonheur. Faites comme lui, rendez-vous
sourde à tous les cris, rejoignez la pierre pendant qu'il
en est temps. Mais si vous vous sentez trop lâche pour
entrer dans cette paix muette, alors venez nous
rejoindre dans notre maison commune. Adieu, ma
sœur ! Tout est facile, vous le voyez. Vous avez à
choisir entre le bonheur stupide des cailloux et le lit
gluant où nous vous attendons.

> *Elle sort et Maria, qui a écouté avec égare-*
> *ment, oscille sur elle-même, les mains en avant.*

MARIA, *dans un cri.*

Oh ! mon Dieu ! je ne puis vivre dans ce désert !
C'est à vous que je parlerai et je saurai trouver mes
mots. *(Elle tombe à genoux.)* Oui, c'est à vous que je
m'en remets. Ayez pitié de moi, tournez-vous vers
moi ! Entendez-moi, donnez-moi votre main ! Ayez
pitié, Seigneur, de ceux qui s'aiment et qui sont
séparés !

> *La porte s'ouvre et le vieux domestique paraît.*

SCÈNE IV

LE VIEUX, *d'une voix nette et ferme.*

Vous m'avez appelé ?

MARIA, *se tournant vers lui.*

Oh ! je ne sais pas ! Mais aidez-moi, car j'ai besoin qu'on m'aide. Ayez pitié et consentez à m'aider !

LE VIEUX, *de la même voix.*

Non[1] !

RIDEAU

DOSSIER

CHRONOLOGIE
1913-1960

1913. 7 novembre : naissance d'Albert Camus à Mondovi, en Algérie (à treize kilomètres de Bône, actuellement Annaba). Il est le fils de Lucien Camus, ouvrier dans une exploitation vinicole, et de Catherine, née Sintès, d'origine espagnole.

1914. 2 août : début de la Grande Guerre. Lucien Camus est tué au front (sa mémoire sera évoquée par Camus dans son dernier ouvrage ébauché, *Le Premier Homme,* Gallimard, 1994). Sa veuve vient s'installer à Alger, dans le quartier populaire de Belcourt (où habitera Meursault, le héros de *L'Étranger*). Avec ses deux enfants (Albert et son frère aîné), elle va mener une existence presque misérable.

1923. Albert Camus entre en qualité d'élève boursier au lycée Bugeaud (actuellement lycée Abd-el-Kader), à Alger.

1929. Première lecture de Gide *(Les Nourritures terrestres)*.

1930. Premières attaques de la tuberculose.

1932. Entre en hypokhâgne au lycée Bugeaud. Jean Grenier est son professeur de philosophie. Il deviendra son ami et Camus lui dédiera notamment *L'Envers et l'Endroit* et *L'homme révolté*.

1933. Milite dans un mouvement antifasciste.

1934. Il se marie avec Simone Hié, de qui il divorcera deux ans plus tard. Adhère pendant une très brève période au Parti communiste.

1935. Commence à écrire *L'Envers et l'Endroit,* suite de courts récits, suit des cours de philosophie à la Faculté des Lettres d'Alger et occupe divers petits emplois.

1936. Obtient le Diplôme d'études supérieures (équivalent de la maîtrise actuelle) en philosophie (sujet : « Métaphysique chrétienne et néoplatonisme »). En juin, il fait un voyage en Europe centrale, notamment en Tchécoslovaquie. Ce voyage, à l'issue duquel il se sépare de son épouse, lui inspirera en partie *Le Malentendu*. Le 17 juillet commence la Guerre d'Espagne. Avec quelques amis, Camus fonde le Théâtre du Travail, bientôt rebaptisé Théâtre de l'Équipe (*Le Malentendu* sera dédié à ses « amis du Théâtre de l'Équipe »). Il écrit (en collaboration) *Révolte dans les Asturies,* dont la représentation sera interdite.

1937. Journaliste à *Alger républicain,* quotidien de gauche que dirige Pascal Pia, à qui Camus dédiera *Le Mythe de Sisyphe.* Il s'y occupe notamment des grands procès politiques qui se déroulent en Algérie. Son état de santé lui interdit de se présenter à l'agrégation de philosophie. Il publie *L'Envers et l'Endroit* et commence un roman, *La Mort heureuse,* qui restera inachevé (publication posthume, Gallimard, 1971). Au théâtre, il monte, entre autres, *Le Retour de l'enfant prodigue,* de Gide.

1938. Commence à écrire *Caligula,* songe à un essai sur l'absurde et prend des notes qui lui serviront dans sa composition de *L'Étranger.*

1939. Publication de *Noces.* Enquête en Kabylie. 3 septembre : début de la Seconde Guerre mondiale. Camus, qui a tenté de s'engager, est ajourné pour raisons de santé.

1940. Épouse Francine Faure, originaire d'Oran. *Alger républicain* ayant cessé de paraître, Camus quitte l'Algérie pour la métropole et entre à *Paris-Soir.* En mai, tandis que l'Allemagne envahit la France, il achève *L'Étranger.* À l'automne, il rédige la première partie du *Mythe de Sisyphe* et s'installe pour trois mois à Lyon.

1941. De retour à Oran, il achève *Le Mythe de Sisyphe* et commence *La Peste.*

1942. Victime au printemps d'une nouvelle attaque d'hémoptysie, il part l'été se reposer au Chambon-sur-Lignon (Haute-Loire). Il va bientôt s'installer au Panelier, près du Chambon, chez Mme Œttly, mère de l'acteur Paul Œttly, qui était l'oncle de Francine Camus. Il se lie d'amitié avec Francis Ponge, lui-même hôte du Panelier. Il avance dans la composition du *Malentendu,* qu'il appelle encore « Budejovice » ou « L'Exilé ». *L'Étranger* et *Le Mythe de Sisyphe* ont paru, respectivement en juillet et en novembre. Le débarquement des Alliés en Afrique du Nord (8 novembre) le sépare pour longtemps de Francine, rentrée en Algérie.

1943. L'exil dans la région stéphanoise se poursuit. Achève la première rédaction du *Malentendu* et écrit la première *Lettre à un ami allemand*. Devient lecteur chez Gallimard. À Paris, il habite l'appartement d'André Gide. Il milite à *Combat*.

1944. Rencontre avec Jean-Paul Sartre et seconde *Lettre à un ami allemand*. En mai, publication en un seul volume du *Malentendu* et de *Caligula*. Le 24 juin 1944 : création du *Malentendu* au Théâtre des Mathurins. Le 25 août, Paris est libéré. Camus prend avec Pascal Pia la direction de *Combat*, qui paraît désormais librement.

1945. Après l'armistice (8 mai), Camus part pour l'Algérie afin d'enquêter sur les graves émeutes qui ont éclaté à Sétif. Le 5 septembre : naissance des jumeaux, Jean et Catherine Camus. *Caligula* est représenté au Théâtre Hébertot, avec Gérard Philipe dans le rôle principal.

1946. Voyage aux États-Unis et achève *La Peste*, puis abandonne la direction de *Combat*.

1947. En juin, *La Peste* est publiée et connaît aussitôt un énorme succès.

1947-1948. Séjours à Lourmarin (Vaucluse).

1948. Voyage en Algérie, qui inspirera en partie *L'Été*. En octobre, représentation de *L'État de siège*, qui connaît un échec.

1949. Voyage en Amérique du Sud. Sa santé se détériore. Le 15 décembre : création des *Justes*, avec Serge Reggiani et Maria Casarès.

1950. Publication d'*Actuelles I*.

1951. Octobre : publication de *L'Homme révolté*, auquel il travaille depuis 1943.

1952. Voyage en Algérie, notamment à Tipasa. En août, la rupture avec Sartre est consommée. Il commence les nouvelles qui composeront *L'Exil et le royaume*. Adapte *Les Possédés*, d'après Dostoïevski.

1953. Prend parti en faveur des émeutiers qui se sont soulevés à Berlin-Est contre le régime communiste. Publication d'*Actuelles II*.

1954. Publication de *L'Été*. 1ᵉʳ novembre : début de la guerre d'Algérie.

1955. Adaptation d'*Un cas intéressant*, de Dino Buzzati. Voyage en Grèce. Conférence à Athènes sur l'avenir de la tragédie. À partir de juin, il commence à collaborer à *L'Express*.

1956. À Alger, il lance un appel en faveur d'une trêve civile, mal accueilli par les Français d'Algérie. En février, il cesse de collaborer à *L'Express*. Mai : publication de *La Chute*. Septembre : représentation et succès de *Requiem pour une nonne*, adapté d'après William Faulkner.

1957. Mars : publication de *L'Exil et le royaume*. Au Festival d'Angers est notamment repris *Caligula*. Le 17 octobre, Camus reçoit le Prix Nobel de littérature.

1958. *Discours de Suède*. Réédition de *L'Envers et l'Endroit* (avec une nouvelle préface) et du *Malentendu* suivi de *Caligula* (nouvelles versions). Publication d'*Actuelles III*. Son état de santé se détériore à nouveau.

1959. Janvier : représentation des *Possédés*. Novembre : rédaction, à Lourmarin où il a acheté une maison un an plus tôt, de la première partie du *Premier Homme*, roman très autobiographique qu'il laissera inachevé.

1960. 4 janvier : Camus meurt dans un accident d'automobile, près de Montereau, en Seine-et-Marne. Il est enterré à Lourmarin.

NOTICE

NOTE SUR LE TEXTE

Le manuscrit original du *Malentendu*, datant de 1943, est la propriété de la Bibliothèque nationale.

La première édition, *Le Malentendu* suivi de *Caligula*, a été publiée chez Gallimard en mai 1944.

Une nouvelle édition des deux pièces est publiée en 1947. Pour *Le Malentendu*, on constate surtout des variantes de style, ainsi que quelques coupures.

Édition en vue d'une représentation à la télévision (la pièce y sera donnée en 1950 et 1955), préparée à partir de 1947. Camus ajoute aux dialogues quelques précisions qui soulignent ses intentions, ainsi que des indications scéniques.

Édition du *Malentendu* suivi de *Caligula, nouvelles versions,* en 1958. Camus apporte au texte du *Malentendu* des variantes de style et procède à de nombreux allégements. Le texte de 1958, auquel se conforme la présente édition, figure dans Albert Camus, *Récits et théâtre,* Gallimard, 1958, édition illustrée (aquarelles de Francis Tailleux pour *Le Malentendu*), ainsi que dans Albert Camus, *Théâtre, récits, nouvelles,* édition de Roger Quilliot, Bibliothèque de la Pléiade, Gallimard, 1962.

Dans *Albert Camus 7. Le Théâtre,* « La Revue des lettres modernes », 1975, Raymond Gay-Crosier fait état, dans « Manuscrits inédits : section théâtre » (p. 97-102), d'un « Prologue inédit au *Malentendu* transcrit partiellement par Mme Albert Camus, ajouté le 4 janvier 1972 (ne peut pas être reproduit) » et d'un « exemplaire du *Malentendu* appartenant à Paul Œttly avec sa régie ».

D'après certains témoignages, Camus envisageait, peu avant de mourir, une refonte du *Malentendu*.

LES SOURCES OÙ AURAIT PU PUISER CAMUS

Maria Kosko, dans une note intitulée « À propos du *Malentendu* [1] », fait état d'une lettre que lui a envoyée Camus pour lui dire que sa pièce n'a pas d'autre source que le fait divers cité dans *L'Étranger*. Mais ce fait divers s'inscrit dans une lignée de faits comparables, aussi bien que dans une tradition littéraire.

Parmi les types de contes populaires recensés par Antti Aarne's et Stith Thompson, on relève sous le n° 939 A : *Le Soldat tué à son retour*. À son retour du service militaire, le fils rentre à la maison, apportant avec lui une grosse somme d'argent, et il est tué par ses parents qui ne l'ont pas reconnu [2]. » Paul Bénichou a plus précisément signalé à Roger Quilliot, éditeur de Camus dans la Pléiade, une vieille chanson du Nivernais intitulée *Le Soldat tué par sa mère*, recueillie dans *Littérature et traditions du Nivernais* [3]. Roger Quilliot lui-même relève dans *Mon portrait historique et philosophique* (posth., 1962), de Louis-Claude de Saint-Martin, un fait pareillement tragique qui se serait passé à Tours [4].

Au théâtre, Zacharias Werner est l'auteur d'une tragédie intitulée *Le Vingt-quatre février* (1809). Mme de Staël a assisté à sa représentation à Weimar [5]. Un vieux couple endetté (Kuntz et Trude) voit revenir au foyer son enfant (Kurt), qui s'est enrichi ; Kuntz, qui n'a pas reconnu son fils, le poignarde. Une fatalité pèse ici sur toute la famille puisque Kuntz avait tué son père, et Kurt, alors qu'il était enfant, sa petite sœur. Mais le commentaire que donne Mme de Staël à la pièce de Werner pourrait presque s'appliquer au *Malentendu* : « Ces situations sont terribles ; elles produisent, on ne

---

1. Dans *Comparative Literature*, vol. X, n° 4, 1958, p. 376-377.
2. Antti Aarne's, *The Types of the folktale, a classification and bibliography*, translated and enlarged by Stith Thompson, Helsinki, Suomalainen Tiedeakatemia, Academia Scientiarum Fennica, 1973, p. 332. Nous traduisons de l'anglais.
3. Voir Camus, *Théâtre, récits, nouvelles*, Pléiade, p. 1788.
4. Voir *ibid.*, p. 1788.
5. Voir *De l'Allemagne*, Seconde partie, chap. XXIV.

saurait le nier, un grand effet : cependant on admire bien plus la couleur poétique de cette pièce, et la gradation des motifs tirés des passions, que le sujet sur lequel elle est fondée. Transporter la destinée funeste de la famille des Atrides chez des hommes du peuple, c'est trop rapprocher des spectateurs le tableau des crimes. L'éclat du rang et la distance des siècles donnent à la scélératesse elle-même un genre de grandeur qui s'accorde mieux avec l'idéal des arts ; mais quand vous voyez le couteau au lieu du poignard ; quand le site, les mœurs, les personnages peuvent se rencontrer sous vos yeux, vous avez peur comme dans une chambre noire ; mais ce n'est pas là le noble effroi qu'une tragédie doit causer. (...) On a reproché à Werner de mettre dans ses tragédies des situations qui prêtent aux beautés lyriques plutôt qu'au développement des passions théâtrales. On peut l'accuser d'un défaut contraire dans la pièce du *Vingt-quatre février*. Le sujet de cette pièce et les mœurs qu'elle représente sont trop rapprochés de la vérité, et d'une vérité atroce qui ne devrait point entrer dans le cercle des beaux-arts. »

Reino Virtanen, dans un article intitulé « Camus, *Le Malentendu* and some analogues [1] », cite la pièce de Werner parmi les sources possibles de Camus et la croit elle-même inspirée d'une tragédie de l'Anglais George Lillo, *Fatale curiosité* (1736). Chez Lillo aussi, le fils enrichi revient, en cachant son identité, chez ses parents ruinés ; à l'instigation de la mère, le père tue son fils pendant son sommeil ; quand ils découvrent qui est leur victime, les parents se suicident. George Lillo aurait lui-même, d'après Reino Virtanen, emprunté son sujet à un pamphlet, *Newes from Perin in Cornwall* (1618).

Dans la note citée plus haut, qui est une réponse à l'article de Reino Virtanen, Maria Kosko écrit que « Lillo a pris son sujet non dans *Newes from Perin*, mais dans la chronique de Frankland qui en contient une forme altérée ; Werner a été inspiré non par le drame de Lillo, mais par un fait divers lu dans un journal au cours d'une soirée chez Goethe, et c'est le poète de *Faust*, lui-même tenté un moment par ce sujet, qui a suggéré à Werner d'en faire une pièce pour le théâtre de Weimar ». (...) « Cependant, de nos jours, l'anecdote du fils assassiné continue encore à fasciner les auteurs dramatiques et, avant d'avoir frappé l'imagination d'Albert Camus, elle avait déjà inspiré, au début de ce siècle, trois autres écrivains, dont un Anglais et un Polonais. Ce dernier est le poète Karl Hubert Rostworowski

1. Dans *Comparative Literature*, vol. X n° 3, 1978, p. 232-240.

dont la pièce sur le même thème, intitulée *Niespodzianka (La Surprise)*, fut jouée en 1929. Elle mérite d'autant plus d'être signalée que son auteur avait déjà donné, en 1917, un *Caligula*, comme le fera, une trentaine d'années plus tard, l'auteur du *Malentendu*. » Maria Kosko aurait pu ajouter à la liste *Le Pauvre matelot*, complainte en trois actes (1926), composée par Jean Cocteau sur une musique de Darius Milhaud : un fils de paysans parti faire fortune en Amérique se fait égorger par ses parents à son retour dans son pays, où il est revenu sans se faire reconnaître.

Nous mentionnons pour mémoire un article de Paul Verdier[1] qui croit trouver dans un conte togolais une source de l'intrigue du *Malentendu*. Cet article a au moins le mérite de montrer que l'histoire a fait fortune ailleurs qu'en Europe.

Tout en signalant la seule source avérée de la pièce, c'est-à-dire l'article paru notamment dans *L'Écho d'Alger*[2], Roger Grenier fait observer que Le Chambon-sur-Lignon, où Camus réside à partir de l'été de 1942, n'est pas très éloigné de Peyrebeille, village de l'Ardèche où s'est incarné au XIXᵉ siècle le mythe de l' « auberge sanglante » et du « fils méconnu tué par les siens ». Dans cette auberge, communément appelée l' « auberge rouge », la justice répertoria cinquante-trois crimes commis de 1807 à 1833, mais à notre connaissance, les aubergistes n'y tuèrent pas leur propre fils. Cette auberge se visite encore aujourd'hui (07660 Lanarce, sur la nationale 102, entre Le Puy-en-Velay et Aubenas).

On constate, à travers cette tradition, que le meurtre du fils est dû tantôt aux parents associés, tantôt au père avec la complicité plus ou moins active de la mère. Dans le fait divers que le hasard a mis sous les yeux de Camus, la mère et la fille étaient les criminelles. Ce foyer d'où le père est absent pouvait mieux qu'un autre servir son inspiration.

LE MALENTENDU DEVANT LA CRITIQUE

Jean Grenier, l'ancien professeur de philosophie de Camus à Alger, fut un des premiers à lire le manuscrit du *Malentendu*. Il lui écrit le 6 octobre 1943 : « [Votre pièce] me paraît de 1ᵉʳ ordre et très

1. Voir notre bibliographie.
2. Voir notre préface, p. 9.

au-dessus de *Caligula* tel que je l'ai lu dans sa 1ère version. Vous avez trouvé votre *ton. Le Malentendu* est vraiment d'Albert Camus au même titre que *L'Étranger*. Le sujet est très grand et vous l'avez traité avec grandeur et en même temps avec cette sobriété qui est votre force. / Le personnage le plus réussi est Martha parce qu'il vous ressemble et vous exprime presque entièrement. C'est autour de lui que la pièce tourne et par lui qu'elle prend son sens. / J'ai dit " presque " parce que Jan compte lui aussi et qu'il a subi l'influence de Maria qui est la Violaine de la pièce, alors que Martha en est la Mara[1]. Aussi y a-t-il, comme il convient, conflit et oscillation. / L'accent est très poignant. J'ai mis un trait au crayon en marge en face des passages qui m'ont particulièrement plu. Mais tout m'a plu. Pourtant je me suis permis de souligner au crayon des phrases qui en elles-mêmes sont irréprochables mais qui sont peut-être trop oratoires ou qui renferment un symbole relevant plutôt du livre que de la scène. Je ne vois pas pourquoi malgré tout on ne mettrait pas au théâtre des gens qui pensent, comme l'a fait Ibsen et tant d'autres après lui. Et même la fin avec le Domestique-Zeus peut faire grand effet[2]. » La réponse de Camus est datée du 11 octobre : « Je vais donner cela à Gallimard, avec *Caligula. Caligula* est moins bon, je le savais. Je suppose que c'est la différence d'une pièce conçue et écrite en 38 et d'une autre faite cinq ans après. Mais j'ai beaucoup resserré mon texte autour d'un thème principal. De plus les deux techniques sont absolument opposées et cela équilibrera le volume (...) Je tiens beaucoup à la fin du *Malentendu*. Mais j'ai l'impression qu'elle ne vous plaît qu'à demi. Dites-moi franchement votre avis. Ce que vous me dites me donne toujours à réfléchir[3]. »

Encore que les critiques dramatiques aient eu eux aussi tendance à parler lors de la création de la pièce de son contenu plus que de sa mise en scène[4], il convient d'examiner séparément l'analyse de Jean du Rostu qui, dans *Études* (octobre et novembre 1945), accorde au sein d'une très riche étude sur Camus écrivain et philosophe (« Un Pascal sans Christ, Albert Camus ») des lignes intéressantes à la publication du *Malentendu*. Situant la pièce par rapport au *Mythe de*

---

1. C'est un curieux rapprochement avec *L'Annonce faite à Marie*, de Paul Claudel, que Jean Grenier suggère ici.
2. Albert Camus-Jean Grenier, *Correspondance*, p. 104-105.
3. *Ibid.*, p. 107.
4. Voir « *Le Malentendu* à la scène », p. 146 et suiv.

Sisyphe, à *L'Étranger* et à *Caligula*, il justifie l'absence de psychologie
« au sens courant du terme » dans cette tragédie conçue « à la
manière grecque et shakespearienne », où la « concentration de
l'absurde, renforcée par le resserrement des personnages : cinq en
tout, dont un figurant, et par la tension du dialogue étonnamment
dense, parvient à un maximum ». À l'inverse de Camus lui-même, la
plupart des critiques auront ensuite tendance à considérer que
Caligula marque un « progrès » par rapport au *Malentendu*, même
quand ils savent fort bien, comme Morvan Lebesque, que *Caligula* a
été pour l'essentiel composé avant : « Camus n'y utilise plus de
personnages-symboles faciles et irritants, ses idées ne sont plus
" plaquées " sur le texte, son héros [Caligula], enfin, existe, agissant
et non plus agi [1]. » Le même point de vue avait été argumenté en des
termes plus techniques par Marcel Beigbeder qui, tout en constatant
que Camus « n'est pas exactement l'écrivain d'un théâtre total,
contre lequel joue ce qu'il conserve toujours de rationalité »,
opposait aux « ruptures surréalisantes » ressortissant au théâtre de
cabaret de *Caligula*, la « théâtralité criée » du *Malentendu* (*Le Théâtre
en France depuis la Libération*, 1959). Paul Surer, lui, ne prend pas en
compte la volonté de Camus d'écrire une « tragédie » : rangeant son
théâtre entier dans un chapitre intitulé « Le Drame », il analyse
comme un « drame effroyable » cette action où les personnages
« sont enfermés dans la souricière que forment le crime et les erreurs
du destin » (*Le Théâtre français contemporain*, 1964).

   Trois ouvrages consacrés entièrement au théâtre de Camus
proposent du *Malentendu* des analyses détaillées. Dans *Les Envers d'un
échec. Étude sur le théâtre d'Albert Camus* (1967, p. 95-132), Raymond
Gay-Crosier, après avoir longuement étudié l'importance de la
pensée de Kafka dans la genèse de la pièce, met l'accent sur ce qu'il
considère comme son « thème majeur » : le bonheur. « *Le Malentendu*
relate l'effroyable échec des quatre aspirations plus ou moins
effrénées à un bonheur total. » « Bonheur métaphysique » et « bonheur physique » sont ici indissociables, une fois admis que « lorsqu'on parle de transcendance chez Camus, il faut le redire, il ne peut
évidemment être question que d'une transcendance horizontale au
niveau de l'homme et non pas d'une transcendance qui aboutirait à
Dieu ». (La formulation est un peu étrange : nous préférons parler
d'une transcendance par définition verticale qui, au lieu d'aboutir à

---

1. Morvan Lebesque, *Camus par lui-même*, 1963, p. 54.

Dieu, se heurte au silence de l'Au-delà.) La progression dramatique de la pièce (I. Le bonheur. II. Le crime. III. Le malentendu tragique) fait de la part de Raymond Gay-Crosier l'objet d'une analyse serrée qui aboutit à une heureuse valorisation du personnage de Maria, souvent négligé par la critique. Enfin, Raymond Gay-Crosier situe *Le Malentendu* par rapport à la tragédie grecque, mais en mettant surtout en valeur ce que la pièce doit à la volonté d'innovation de Camus.

Ilona Coombs, dans *Camus, homme de théâtre* (1968, p. 49-68), expose longuement les circonstances et le climat dans lesquels fut composé *Le Malentendu*; ainsi peut-elle s'opposer au jugement de Pierre de Boisdeffre qui voit dans la pièce un « simple syllogisme de l'absurde, géométrie si pure et si sèche que l'élément humain, réduit à un conflit abstrait, y perd toute vraisemblance [1] ». Après une étude détaillée de la genèse de l'œuvre, Ilona Coombs montre comment, « entre l'indifférence de *L'Étranger* et la solidarité humaine de *La Peste, Le Malentendu* est la charnière qui permet la prise de conscience communautaire », et elle trouve dans les défauts mêmes de la pièce « des gages de son caractère tragique », avant de conclure : « Cette langue tour à tour dépouillée et resserrée qui peut, le cas échéant, éclater en un lyrisme triomphant pour s'adapter aux besoins de l'action et des personnages, est un chef-d'œuvre d'inspiration et de maîtrise. »

Edward Freeman, dans *The Theatre of Albert Camus. A critical study* (1971, p. 56-75), désigne le vieux domestique comme la clé de l'interprétation du *Malentendu*. Quatre détails de la version de 1958, absents de celles de 1944 et de 1947, contribuent à rendre plus sinistre ce personnage conçu d'abord comme indifférent. 1) Il a vu que Jan était accompagné de sa femme, mais s'est bien gardé d'en rien dire à Martha et à sa mère. 2) Il empêche que Jan ne soit identifié en distrayant Martha au moment où elle s'apprête à lire son passeport. 3) Il subtilise le passeport. 4) En rendant finalement le passeport, il permet que Martha et sa mère découvrent leur terrible méprise. Edward Freeman met également en valeur le thème du bonheur impossible et juge qu'avec son aspect austère et sa structure rigide, *Le Malentendu* est en fin de compte une pièce plus chargée d'émotion et moins contrôlée que *Caligula*. En conclusion, l'ouvrage

1. Dans « Camus et son destin », *Camus*, Hachette, 1964, p. 275.

réfute le parallèle proposé par D. M. Church[1] entre l'*Électre* d'Euripide et *Le Malentendu* : alors que chez Euripide, Électre seule est victime d'un malentendu, Oreste ayant d'emblée reconnu sa sœur sous le vêtement de la jeune paysanne, Camus entretient entre ses personnages une balance égale ; le dialogue à double entente crée chez lui la situation de malentendu ; faisant du langage lui-même une métaphysique de l'absurde, Camus se rapproche, plus que de la tragédie grecque, du théâtre de l'absurde. Edward Freeman termine sur une hypothèse séduisante : les modifications que Camus a apportées à sa pièce dans les années 1950 auraient été influencées par le théâtre de l'absurde qui se développe à cette époque ; on hésite pourtant à le suivre quand il range son adaptation d'*Un cas intéressant* (1955), de Dino Buzzati, parmi les signes de cette évolution vers l'absurde, l'intérêt de Camus pour cette pièce témoignant surtout de sa fidélité à un théâtre chargé de symboles.

L'ouvrage de Fernande Bartfeld, *L'Effet tragique. Essai sur le tragique dans l'œuvre de Camus* (1988), qui n'est pas uniquement consacré au théâtre, oppose le « paroxysme négatif » de *Caligula* et du *Malentendu* au « paroxysme positif » de *L'Étranger*, et montre les limites auxquelles se heurte un rapprochement du *Malentendu* avec des tragédies offrant des situations un peu similaires. À la différence de ce qui se produit dans *Électre* (comme Edward Freeman, Fernande Bartfeld renvoie visiblement à celle d'Euripide), « aucune nécessité liée à la logique des événements n'explique ici que la reconnaissance soit différée ». Si la situation d'une sœur sacrificatrice renvoie à *Iphigénie en Tauride*, « le rôle de sacrificatrice, imposé dans la pièce d'Euripide, est délibérément choisi dans *Le Malentendu* ». « *Le Malentendu* rappelle enfin *Œdipe roi* par la place centrale qu'y occupe la reconnaissance », mais tandis que chez Sophocle « Œdipe s'aveugle lui-même pour n'avoir su voir son propre aveuglement », « le geste de Martha ou de la mère ne manifeste aucune logique de cette sorte ». Après avoir montré comment, pour Martha, « la non-reconnaissance se veut porteuse d'une leçon générale », Fernande Bartfeld voit là la principale difficulté de la pièce : « Rien ne permet à Martha de soutenir en effet que l'ordre du monde est celui " où personne n'est jamais reconnu " (acte III, scène 3) en se fondant sur la non-reconnaissance précise de Jan ». Fernande Bartfeld aboutit à une conclusion de laquelle nous nous

---

1. Voir notre bibliographie.

sommes, en des termes un peu différents, approchés dans notre Préface : « Cette présentation problématique de la reconnaissance dans *Le Malentendu* n'est pas sans avoir des conséquences sensibles sur l'effet tragique. Car la reconnaissance, ou plutôt la non-reconnaissance, si étroitement liée à des jeux de masques et par là, incapable de porter la leçon métaphysique d'un malentendu généralisé, offre bien l'exemple d'une absence de convergence entre le plan ludique et le plan métaphysique. Absence de convergence que soulignait déjà le choix même d'un principe d'écriture tendant à privilégier l'outrance et la négation. C'était là, comme on l'a montré, attirer l'attention sur le ludique en tant que tel sans ménager une relation convaincante au plan métaphysique. » (Les citations sont extraites des pages 68 à 75 de l'ouvrage.)

Deux ensembles remarquables ont été consacrés au théâtre de Camus : *Albert Camus 7. Le Théâtre*, « La Revue des lettres modernes » (1975) et *Albert Camus et le théâtre*, actes du colloque tenu à Amiens en 1988 sous la direction de Jacqueline Lévi-Valensi (1992). Le premier ouvrage comprend (outre l'Introduction de Raymond Gay-Crosier, des notes et un carnet critique) cinq articles dont deux sont réservés à *Caligula*. Le second comprend (outre l'Avant-propos de J. Lévi-Valensi) les textes de vingt-deux communications. Sur les vingt-sept textes ainsi réunis, *aucun* ne traite en priorité du *Malentendu*. L'importance des motifs de la pièce dans la pensée et l'œuvre de Camus, les « effets tragiques » qu'il y a cherchés n'ont jamais été sous-estimés par la critique ; leur mise en œuvre dans une tragédie qui, à force de s'éloigner des contraintes de la tragédie ancienne, finit par échapper aux exigences du genre, semble en revanche laisser perplexes les spécialistes du théâtre. Nous le vérifierons en examinant les réactions suscitées par les mises en scène de la pièce.

LE MALENTENDU À LA SCÈNE

Le Malentendu fut représenté pour la première fois au Théâtre des Mathurins, à Paris, le 24 juin 1944, dans une mise en scène de Marcel Herrand, directeur du théâtre, qui tenait lui-même le rôle de Jan[1]. Le décor, dû à Marcel Herrand et à Dagmar Gérard, fut jugé austère ; pouvait-il ne pas l'être ?

Camus avait découvert le Théâtre des Mathurins en janvier 1943 grâce à Janine Gallimard[2], qui l'avait mené y voir une représentation de *Deirdre des douleurs*, de John Millington Synge, pièce qui offre certaines parentés avec *Le Malentendu* et se dénoue tragiquement par le meurtre d'un jeune homme et le suicide de sa bien-aimée. Maria Casarès y interprétait le principal rôle féminin. Au cours de l'année 1943, elle joua encore aux côtés de Marcel Herrand dans *Solness,* d'Henrik Ibsen, et *Le Voyage de Thésée,* de Georges Neveux, ainsi qu'au cinéma dans *Les Enfants du paradis* dont Marcel Carné tournait alors la première partie. En mars 1944 débutèrent les répétitions du *Malentendu* où Maria Casarès reçut le rôle de Martha. Camus avait été d'emblée séduit par cette jeune actrice qui « comprenait tout sans qu'on eût besoin de lui expliquer[3] ». Son origine et son physique espagnols (sa famille l'avait envoyée en France quand elle avait quinze ans, pendant la guerre d'Espagne) influencèrent peut-être les critiques qui trouvèrent ensuite aux deux meurtrières du

---

1. Voir la distribution complète p. 37.
2. D'après Herbert L. Lottman, *Albert Camus,* p. 328.
3. Témoignage de Jacqueline Bernard, secrétaire de rédaction de *Combat,* dans Herbert L. Lottman, *ibid.,* p. 331.

Malentendu des traits communs avec certains personnages de Federico García Lorca. La pièce était prête pour la représentation dans les jours qui suivirent le débarquement des Alliés en Normandie (6 juin 1944), mais des restrictions d'électricité différèrent la générale jusqu'au 24 juin. Environ un mois plus tôt, le 27 mai, avait été créé au Théâtre du Vieux Colombier *Huis clos,* de Jean-Paul Sartre.

Le charivari qui perturba la générale du *Malentendu* était largement dû à la personnalité de Camus, auteur déjà célèbre de *L'Étranger* et dont les sympathies pour la Résistance étaient connues. On rappellera seulement, pour évoquer le climat de l'époque, que Philippe Henriot fut abattu par des résistants le 28 juin 1944. « Est-ce là notre futur après-guerre ? » s'interroge *La Révolution nationale* (1er juillet 1944), sous la plume de Georges Pelorson, en dénonçant dans *Le Malentendu* « le vagissement anarchique d'un collégien intelligent, en mal de publicité ». Dans *Le Petit Parisien* du même jour, Alain Laubreaux propose une argumentation plus littéraire pour ranger Camus dans cette « école de dramaturges qui s'obstinent à chercher le Théâtre dans la négation du Théâtre ». Armory, dans *Les Nouveaux Temps* du 4 juillet, se demande si cette pièce, qui « dépouillée de tout son verbiage, de ses redites et de cette philosophie à rebours » eût « peut-être trouvé sa place au Grand-Guignol », a de quoi distraire un public dont l'esprit est tout occupé par le « martyre de la Normandie ». André Castelot, dans *La Gerbe* (29 juin 1944), rend du moins hommage à Maria Casarès, « cette jeune fille dont le caractère semble taillé à coups de serpe » ; sans elle et sans Marie Kalff (la mère), « la pièce aurait sombré dès le début dans le plus ridicule des mélodrames ». Quant au journal *Pilori* du 5 juillet 1944, il trouve dans son compte rendu prétexte à des injures antisémites avant de recommander à la Milice ce « croquignolet » *Malentendu* essentiellement stalinien.

Hors de cette presse ouvertement collaborationniste, les éloges ne sont accordés qu'avec parcimonie. Maurice Rostand, dans *Paris-Midi* (1er juillet 1944), tente timidement de dissiper le « malentendu » qui s'est instauré entre le public, qui a cru assister à une pièce ordinaire, et l'auteur, qui a voulu montrer comment « la créature humaine, étrangère à tout, est seule au milieu du monde et révoltée contre la Création ». Jacques Berland, dans *Paris-Soir* (10 juillet 1944), range Camus au même titre que l'auteur de *Huis clos* parmi les « négateurs » et déplore le « manque total de vraisemblance » des personnages du *Malentendu,* avant de saluer en termes convenus « le talent littéraire et la personnalité curieuse de Camus ». « Chef-d'œuvre manqué, mais de peu », écrit de son côté Albert Ollivier dans *Confluences* (n° 33, juillet 1944).

On cherche en vain, dans cette revue de presse, un commentaire qui nous éclairerait sur la qualité de la mise en scène de Marcel Herrand : l'intérêt de la critique, même spécialisée, se porte manifestement ailleurs. Sartre et Simone de Beauvoir avaient lu la pièce avant sa représentation et lui avaient préféré *Caligula*. Situant à tort « au début de juillet » la générale du *Malentendu,* Beauvoir écrit : « Nous ne fûmes pas surpris de constater qu'à la représentation, malgré le talent de Casarès, la pièce ne tenait pas le coup[1]. » Après la libération de Paris, Camus donne au *Figaro* (15-16 octobre 1944) une interview où il déclare notamment : « Le fait qu'on me demande aujourd'hui d'expliquer les intentions profondes du *Malentendu* prouve assez que l'accueil fait à cette pièce n'a pas été des plus flatteurs. Je ne dis pas cela pour m'en plaindre. Je le dis pour la vérité des choses. Et la vérité des choses est que *Le Malentendu,* quoique suivi par un assez nombreux public, a été désavoué par la majorité du public. En langage clair, cela s'appelle un échec. » (...) « Des maladresses de détails, des longueurs plus graves, une certaine incertitude dans le personnage du fils, tout cela peut gêner à bon droit le spectateur. Mais, dans un certain sens, pourquoi ne l'avouerais-je pas, j'ai l'impression que quelque chose dans mon langage n'a pas été compris et que cela est dû au public seulement. » Avant d'exprimer l'espoir que la pièce « trouvera son public », Camus conclut par la joie que lui a donnée l'interprétation de Maria Casarès et qui, pour l'instant, lui suffit tout à fait.

Dès 1947, Camus remanie sa pièce en vue d'une représentation à la télévision qui sera programmée en 1950 (reprise en 1955). Aux yeux de Raymond Gay-Crosier, cette représentation tire parti d'une « immobilité copiée sur l'aspect statique de l'ancienne tragédie » : « la caméra en mouvements offre des perspectives que la scène ne permet pas[2] ». Il faut attendre vingt années après la création pour qu'un théâtre de grand renom, le Théâtre Gramont, se risque à la monter à nouveau. *Le Malentendu* y est donné le 4 août 1964 dans une mise en scène de Michel Vitold, qui tient le rôle de Jan. Francine Bergé joue Martha ; Lucienne Lemarchand, la mère ; France

---

1. *La Force de l'âge,* Gallimard, 1960, p. 601.
2. *Les Envers d'un échec,* p. 129 et note.

Descaut, Maria ; Roger Karl, le domestique. Dans *Combat* (7 août 1964), Pierre Kyria fait savoir qu'il n'a pas aimé cette mise en scène où les acteurs étaient vêtus de sépia : il la juge « plate, sans souffle, jouée tout extérieurement ». Anne Andreu, dans *Paris-presse l'intransigeant* (13 août 1964), la trouve « glaciale ». « La littérature y est plaquée au lieu d'être incorporée au développement », écrit Robert Kanters dans *L'Express* (22 août 1964), glissant de la mise en scène au texte de la pièce, comme si celui-ci rendait inévitable l'échec de sa représentation. « On ira peut-être au théâtre comme à la messe de ce saint laïque, et ce sera un malentendu. » À l'inverse, Gilles Sand, dans *Arts* (16 septembre 1964), trouve que cette mise en scène « respecte les temps et les silences » et qu' « elle a une belle lenteur tragique ». De même Jacques Lemarchand, dans *Le Figaro littéraire* (17-23 septembre 1964), la juge-t-il « en accord avec le réalisme et la poésie — si belle quand, fugitivement, elle s'exprime ». Cette mise en scène connaîtra quelques succès à l'étranger, en particulier à Rome en février 1965.

Parmi les représentations données depuis cette date, signalons celles du Théâtre Montansier (1971) et celles du Théâtre 14/Jean-Marie Serreau (1984). À la suite de la première donnée au Théâtre Montansier, dans une mise en scène de Marcelle Tassencourt (avec notamment Tania Balachova dans le rôle de la mère et Nita Klein dans celui de Martha), Jean-Jacques Gautier proposait dans *Le Figaro* du 17 novembre 1971 une analyse de la pièce qui atténuait les féroces remarques que lui avait inspirées, dans le même journal, la reprise du Théâtre Gramont : « L'essentiel des thèmes chers à Camus se trouve dans *Le Malentendu* : malentendu de la condition humaine, solitude de l'homme ; sa révolte contre un univers qui n'est pas à sa mesure ; ses aspirations vers la joie, ses appels à l'amour, son désir fou de bonheur qui lui est refusé par un Dieu séparé de sa création, un Dieu méconnaissable, hypothétique, qui se désintéresse de sa création. » Au Théâtre 14/Jean-Marie Serreau enfin, la mise en scène donnée par Jean Bollery, qui interprétait lui-même le rôle de Jan, avait l'originalité de reprendre non la version de 1958, comme les précédentes, mais celle de 1947. Alida Valli tint le rôle de la mère dans une série de représentations de la pièce donnée à Naples en 1985 avec une mise en scène de Sequi. Enfin la « tragédie » donna prétexte, en Angleterre, à une comédie musicale.

À la suite du colloque tenu à Amiens en 1988 sur « Albert Camus et le théâtre », Guy Dumur anime un débat à l'occasion duquel il dit que la mise en scène du *Malentendu* lui a toujours posé un problème. B. Habermeyer dont on a pu voir la mise en scène du *Malentendu* la veille, avoue de son côté « ne pas avoir eu de raison objective de monter cette pièce. Il n'y voit que le désir de rencontrer un auteur à un moment donné. La pièce est effectivement tragique pour lui, mais comment monter une tragédie aujourd'hui ? Il constate qu'il a choisi d'évacuer dans une certaine mesure le côté tragique des décors. Il lui a semblé important de ne pas être naturaliste, de ne pas montrer une auberge en particulier mais une " essence " d'auberge. Pour lui, *Le Malentendu* est l'histoire d'une manipulation, celle d'une mère sur sa fille. Il s'est demandé pourquoi le fils était parti si jeune et comment l'idée de tuer tous ces voyageurs était venue. La réponse est impossible. Il constate qu'à un moment, la mère fait de Martha une victime qui ne connaîtrait jamais l'amour. Il remarque ensuite que *Le Malentendu*, à la première lecture, peut sembler une pièce très noire. En fait, il s'agit d'une pièce de la passion, de l'appel de la liberté. Il précise que Camus a changé sa place dans l'œuvre, la faisant passer du cycle de la révolte à celui de l'absurde. Guy Dumur intervient alors pour dire qu'il conçoit la pièce comme un " crime en absurdie ". Jean Bollery qui a mis en scène la pièce avoue avoir surtout été touché par les rapports avec la mère. » En conclusion du débat qui porte aussi sur des mises en scène d'autres pièces de Camus, Jacqueline Lévi-Valensi estime qu' « il faut bien séparer la tragédie comme genre, et le tragique que l'on peut trouver dans l'œuvre de Camus. Selon elle, il ne faut pas parler de tragédie, mais de traitement tragique du fait divers [1] ». Nous avons, dans notre préface, tenté d'étayer une opinion voisine de celle Mme Lévi-Valensi. Quant aux moyens que les metteurs en scène doivent mettre en œuvre pour exprimer le « tragique », ce débat auquel participaient des gens de métier (metteurs en scène, acteurs, critiques) ne les indique que fort vaguement.

---

[1]. « Résumé du débat », dans *Albert Camus et le théâtre*, p. 239-241.

BIBLIOGRAPHIE

1. ÉDITION CRITIQUE DU *MALENTENDU*

Dans Albert Camus, *Théâtre, récits, nouvelles,* préface par Jean
Grenier, textes établis et annotés par Roger Quilliot, Bibliothèque
de la Pléiade, Gallimard, 1962.

2. AUTRES TEXTES DE CAMUS
CITÉS DANS NOTRE PRÉFACE

Albert Camus, *Essais,* introduction de Roger Quilliot, textes établis
et annotés par R. Quilliot et L. Faucon, Bibliothèque de la
Pléiade, Gallimard, 1965. (La plupart des textes contenus dans
ces deux volumes existent aussi dans la collection Folio).
Carnets. Tome I : mai 1935-février 1942, Gallimard, 1962. Tome II :
janvier 1942-mars 1951, Gallimard, 1964. Tome III : mars 1951-
décembre 1959, Gallimard, 1989.
Albert Camus-Jean Grenier, *Correspondance (1932-1960),* Gallimard,
1981.

3. OUVRAGES CRITIQUES SUR CAMUS

Albert Camus, coll. « Génies et réalités », Hachette, 1964 (voir
notamment l'article de Morvan Lebesque : « La passion pour la
scène », et celui de Pierre de Boisdeffre, « Camus et son destin »).
Albert Camus. Le Théâtre, études réunies par Raymond Gay-Crosier,

sous la direction de Brian T. Fitch, « La Revue des lettres modernes », n° 7 de la série « Albert Camus », 1975.

Albert Camus et le théâtre, textes réunis par Jacqueline Lévi-Valensi (actes du colloque tenu à Amiens du 31 mai au 2 juin 1988), IMEC Éditions, 1992.

BARTFELD Fernande, *L'Effet tragique. Essai sur le tragique dans l'œuvre de Camus.* Préface de Jacqueline Lévi-Valensi, Champion-Slatkine, Paris-Genève, 1988.

CLAYTON Alan J., *Étapes d'un itinéraire spirituel. Albert Camus de 1937 à 1944,* « Archives des lettres modernes », Minard, 1971.

COOMBS Ilona, *Camus, homme de théâtre,* Nizet, 1968.

FREEMAN Edward, *The Theatre of Albert Camus. A Critical Study,* Methuen & Co, Londres, 1971.

GAY-CROSIER Raymond, *Les Envers d'un échec. Étude sur le théâtre d'Albert Camus,* coll. « Bibliothèque des lettres modernes », Minard, 1967.

GRENIER Roger, *Albert Camus. Soleil et ombre. Une biographie intellectuelle,* Gallimard, coll. Blanche, 1987 ; Folio, 1991.

LEBESQUE Morvan, *Camus par lui-même,* coll. « Écrivains de toujours », Le Seuil, 1963.

LÉVI-VALENSI Jacqueline, *Les Critiques de notre temps et Camus,* Garnier, 1970.

LOTTMAN Herbert R., *Albert Camus,* trad. française : Le Seuil, 1978 (biographie).

NICOLAS André, *Albert Camus ou le vrai Prométhée,* coll. « Philosophes de tous les temps », Seghers, 1966 (rééd. 1973).

QUILLIOT Roger, *La Mer et les prisons. Essai sur Albert Camus,* Gallimard, 1956.

4. CHOIS D'ARTICLES SUR *LE MALENTENDU*

CHURCH D. M., « *Le Malentendu* : Search for Modern Tragedy », dans *French Studies,* XX, 1, janvier 1966.

KOSKO Maria, « À propos du *Malentendu* », dans *Comparative Literature,* vol. X, n° 4, 1958.

VERDIER Paul, « Pour une autre " lecture " du *Malentendu* d'Albert Camus », *Présence francophone,* n° 4, printemps 1972.

VIRTANEN Reino, « Camus, *Le Malentendu* and some analogues », dans *Comparative Literature,* vol. X, n° 3, 1958.

5. OUVRAGES GÉNÉRAUX

BEIGBEDER Marc, *Le Théâtre en France depuis la Libération*, Bordas, 1959.
SURER Paul, *Le Théâtre français contemporain*, SEDES, 1964.

ANNEXES

PRIÈRE D'INSÉRER (1944) [1]

Avec *Le Malentendu* et *Caligula*, Albert Camus fait appel à la technique du théâtre pour préciser une pensée dont *L'Étranger* et *Le Mythe de Sisyphe* — sous les aspects du roman et de l'essai — avaient marqué les points de départ.

Est-ce à dire que l'on doive considérer le théâtre d'Albert Camus comme un « théâtre philosophique » ? Non — si l'on veut continuer à désigner ainsi cette forme périmée de l'art dramatique où l'action s'alanguissait sous le poids des théories. Rien n'est moins « pièce à thèse » que *Le Malentendu*, qui, se plaçant seulement sur le plan tragique, répugne à toute théorie. Rien n'est plus « dramatique » que *Caligula*, qui semble n'emprunter ses prestiges qu'à l'histoire.

Mais la pensée est en même temps action et, à cet égard, ces pièces forment un théâtre de l'impossible. Grâce à une situation *(Le Malentendu)* ou un personnage *(Caligula)* impossible, elles tentent de donner vie aux conflits apparemment insolubles que toute pensée active doit d'abord traverser avant de parvenir aux seules solutions valables. Ce théâtre laisse entendre par exemple que chacun porte en lui une part d'illusions et de malentendu qui est destinée à être tuée. Simplement, ce sacrifice libère peut-être une autre part de l'individu, la meilleure, qui est celle de la révolte et de la liberté.

---

1. Pour l'édition conjointe du *Malentendu* et de *Caligula*. Texte écrit par Camus, mais non signé (note de Roger Quilliot pour l'édition de la Pléiade, p. 1744-1745).

Mais de quelle liberté s'agit-il ? Caligula, obsédé d'impossible, tente d'exercer une certaine liberté dont il est dit simplement pour finir « qu'elle n'est pas la bonne ». C'est pourquoi l'univers se dépeuple autour de lui et la scène se vide jusqu'à ce qu'il meure lui-même. On ne peut pas être libre contre les autres hommes. Mais comment peut-on être libre ? Cela n'est pas encore dit.

PRÉFACE

Le Malentendu est certainement une pièce sombre. Elle a été écrite en 1943, au milieu d'un pays encerclé et occupé, loin de tout ce que j'aimais. Elle porte les couleurs de l'exil. Mais je ne crois pas qu'elle soit une pièce désespérante. Le malheur n'a qu'un moyen de se surmonter lui-même qui est de se transfigurer par le tragique. « Le tragique, dit Lawrence, devrait être comme un grand coup de pied au malheur. » *Le Malentendu* tente de reprendre dans une affabulation contemporaine les thèmes anciens de la fatalité. C'est au public à dire si cette transposition est réussie. Mais la tragédie terminée, il serait faux de croire que cette pièce plaide pour la soumission à la fatalité. Pièce de révolte au contraire, elle pourrait même comporter une morale de la sincérité. Si l'homme veut être reconnu, il lui faut dire simplement qui il est. S'il se tait ou s'il ment, il meurt seul, et tout autour de lui est voué au malheur. S'il dit vrai au contraire, il mourra sans doute, mais après avoir aidé les autres et lui-même à vivre.

A. C.

---

1. Texte retrouvé dans les archives de Camus et non daté (note de Roger Quilliot pour l'édition de la Pléiade, p. 1793).

NOTES

(Nous donnons parmi ces notes quelques variantes significatives. Pour un relevé plus complet, voir Albert Camus, *Théâtre, récits, nouvelles,* éd. de Roger Quilliot, Pléiade.)

Page 37.

1. Nous suivons la version de 1958.

En tête du manuscrit, on lit l'épigraphe « *Invitis invitam...* » puis : *À Budejovice, petite ville de Tchécoslovaquie*

Personnages : LE VIEUX
                 LA SŒUR
                 LA MÈRE
                 LE FILS
                 LA FEMME

Roger Quilliot signale, dans l'édition de la Pléiade, que dans le reste du manuscrit les personnages sont constamment désignés ainsi, les noms de Martha, Jan et Maria n'apparaissant que sur des becquets.

ACTE PREMIER

Page 39.

1. Éd. de 1947 : *L'action se passe en Bohême.*

Indication de Camus pour la télévision : *Images de la mer douce et claire sur une plage. La salle commune d'une auberge de campagne en Europe centrale. C'est le matin. Les volets sont fermés. Le vieux domestique traverse la pièce dans la pénombre. Une à une il ouvre les fenêtres. La lumière entre à flots. Le vieux domestique va vers la table, au centre, dispose deux sièges, regarde encore si tout est bien en place, puis considère le public sans rien exprimer, et sort.*

Entrent Martha et sa mère.

Page 44.

1. Ainsi Martha n'a-t-elle pas besoin d'argent seulement pour se rendre en Afrique, mais pour y vivre. « Ce pays est sans leçons. (...) Il se contente de donner, mais à profusion », écrivait pourtant Camus dans *Noces* (*Essais*, p. 67).

Page 48.

1. Indication pour la télévision : *Dans le chemin qui mène à l'auberge, Jan et Maria s'avancent.*

Page 50.

1. Pour la télévision, Camus précise : *le repas de l'enfant prodigue.*

Page 57.

1. Éd. de 1947 : On ne peut pas toujours rester un étranger. *Un homme a besoin de bonheur, il est vrai, mais il a besoin aussi de trouver sa définition. Et j'imagine que retrouver mon pays, rendre heureux tous ceux que j'aime, m'y aidera. Je ne vois pas plus loin.*

La suppression de ces deux phrases, parmi bien d'autres, dans l'édition de 1958 est significative des allégements auxquels a procédé Camus.

Page 60.

1. Sur le manuscrit, Jan répond : *8 janvier 1909.* Pour la télé. : *J'ai trente-cinq ans.*

Si Jan a quitté à quinze ans le foyer familial, sa non-reconnaissance par la mère est moins invraisemblable.

Page 61.

1. Manuscrit : *du Maroc.* Éd. de 1947 : *du Sud.*

Page 62.

1. Éd. de 1947 : *(Elle l'a pris dans ses mains, mais pense visiblement à autre chose. Elle semble le soupeser, puis le lui tend.)*

Le rôle du vieux domestique est fortement marqué dans la version de 1958.

Page 64.

1. Éd. de 1947 : *Elle est au Maroc.*

Page 69.

1. Éd. de 1947 : C'est pourtant *une bien petite ville que la nôtre.*
Camus s'éloigne encore plus, dans l'édition de 1958, de la référence à une « ville », nommée Budejovice sur le manuscrit.

Page 75.

1. Ce monologue de la mère était beaucoup plus long sur le manuscrit.

ACTE II

Page 86.

1. Voir dans *Noces* l'évocation du printemps à Tipasa : « Au bout de quelques pas, les absinthes nous prennent à la gorge » (*Essais*, p. 56).

Page 91.

1. Camus éprouva le même sentiment d'angoisse dans sa chambre d'hôtel à Prague (voir *L'Envers et l'Endroit,* dans *Essais,* p. 35).

Page 93.

1. Sur le manuscrit, un long monologue de Jan commençait par les mots : « C'est le repas du prodigue qui continue. Un verre de bière (...). » Ce monologue fut raccourci dans les éditions de 1944 et 1947, avant d'être réduit à ces quelques lignes dans l'édition de 1958.

Page 99.

1. Cette fois encore, le monologue de Jan qui figurait sur le manuscrit a été raccourci ensuite.
2. « Le vieux domestique les suit » est une addition de l'édition de 1958.

ACTE III

Page 109.

1. Éd. de 1947 : *(La mère sort. Le vieux balaie sous une table, en retire le passeport du fils, l'ouvre, l'examine et vient le tendre, ouvert, à Martha.)*

MARTHA

Je n'ai rien à en faire. Range-le. Nous brûlerons tout. (Le vieux tend toujours le passeport, Martha le prend.)

MARTHA

Qu'y a-t-il ?
(Le vieux sort. Martha lit le passeport, très longuement, sans une réaction. Elle appelle d'une voix apparemment calme.)

MARTHA

Mère !

LA MÈRE *(de l'intérieur)*

Que veux-tu encore ?

MARTHA

Venez.
(La mère entre, Martha lui donne le passeport.)

MARTHA

Lisez !

LA MÈRE

Tu sais bien que mes yeux sont fatigués.

MARTHA

Lisez !

Page 115.

1. Éd. de 1947 : dans mon propre pays ; *il n'est plus de lieu pour mon sommeil,* ma mère elle-même m'a rejetée.

Camus a biffé une phrase qui pouvait signifier trop fortement un sentiment de culpabilité de Martha.

On remarquera qu'à la différence des monologues de la mère (p. 74-75) et de Jan (p. 93), celui de Martha, protagoniste de la pièce, n'a pas été abrégé par Camus.

Page 129.

1. Indication pour la télévision : *Les images, de plus en plus fortes et précises, de la mer sur une plage recouvrent peu à peu les personnages.*

RÉSUMÉ

Acte I. - Martha et sa mère s'entretiennent au sujet du voyageur, en apparence seul et riche, qui vient d'arriver pour prendre pension dans leur auberge. Martha convainc sa mère qu'il faudra le tuer comme les précédents car « il faut beaucoup d'argent pour vivre libre devant la mer ». Lasse, la mère voudrait au moins que ce soit le dernier. Les deux femmes conviennent de le loger au premier étage : lorsqu'elles lui auront donné le thé qui l'endormira, il sera ainsi moins difficile de le transporter jusqu'à la rivière (sc. 1). Jan a été aperçu en compagnie de sa femme Maria par le vieux domestique de l'auberge, qui restera muet jusqu'à la dernière scène. Maria, que Jan a contrainte à loger dans un autre hôtel, met son mari en garde contre le stratagème qu'il a imaginé : ne pas se faire reconnaître d'abord de sa mère et de sa sœur afin de mieux apercevoir ce qui les rendra heureuses (2 et 3). Maria reproche tendrement à Jan de la délaisser, mais celui-ci persiste à penser qu'il réussira mieux, en se masquant, à remplir le devoir qu'il a envers sa mère et sa sœur (4). Martha soumet Jan aux formalités d'admission à l'auberge et l'interroge sur les rivages ensoleillés d'où il revient. Une intervention du vieux domestique la détourne de lire le passeport de son frère. Elle lui impose ensuite les distances qu'elle juge indispensables dans la conversation d'un client (5). La mère entre et interroge Jan à son tour ; quelques signes paraissent montrer qu'elle souhaite le mettre en garde, mais Jan ne les perçoit pas (6). Restée seule avec sa mère, Martha l'engage avec brusquerie à ne pas différer ce meurtre dont la pensée suffit à accroître la lassitude de la vieille femme (7 et 8).

Acte II. - Martha entre dans la chambre de Jan pour changer ses serviettes et son eau. Elle le fait parler du beau pays d'où il revient et de la douceur de ses printemps, avant de lui confier son dégoût pour cette Europe maussade où elle est condamnée à vivre. Jan lui avoue qu'il trouve étranges son langage et sa conduite (1). Jan, resté seul dans sa chambre, éprouve un sentiment de malaise qu'accroît le mutisme du domestique. Puis Martha revient, lui apportant un thé qu'il n'a pas commandé (2, 3, 4 et 5). Après que Jan est de nouveau resté seul un moment, la mère entre à son tour dans la chambre et s'inquiète de savoir s'il a bu le thé, qui ne lui était pas destiné. Jan lui fait part de sa décision de quitter l'auberge après le dîner et lui prodigue des paroles aimables. Les premiers effets du soporifique versé dans le thé commencent à se faire sentir (6). Jan s'est endormi après s'être promis de revenir le lendemain avec Maria en disant la vérité. Martha et sa mère pénètrent alors dans sa chambre. Au moment où Martha prend le portefeuille dans la poche de Jan et en compte les billets, le passeport glisse derrière le lit et le domestique le ramasse à l'insu des deux femmes. Martha vainc les dernières résistances de la vieille femme et lui avoue que les paroles prononcées par le voyageur pour évoquer les rivages heureux ont eu raison de ses propres hésitations. Le rideau tombe à l'instant où les deux femmes s'apprêtent à saisir le corps de Jan sur le lit (8).

Acte III. - Le crime a été exécuté. Martha et sa mère se retrouvent seules, quand le domestique leur apporte le passeport qui leur révèle l'identité de Jan. La mère est décidée à quitter le monde, malgré les exhortations de Martha à ne pas l'abandonner. Martha déclare qu'elle aurait tué Jan même si elle l'avait reconnu, puis laisse sortir sa mère (1). Dans un monologue, Martha se découvre exilée dans son propre pays. Elle proclame sa haine contre ce monde, qu'elle quittera « sans être réconciliée » (2). Maria survient pour demander des nouvelles de son mari : il devait la rejoindre au matin et elle s'étonne de ne pas l'avoir revu. Martha lui avoue le crime. Maria exprime son désespoir. À l'invitation de Martha de se rendre sourde à tous les cris et de rejoindre la pierre, Maria implore la pitié pour ceux qui sont séparés (3). Martha est sortie pour rejoindre sa mère dans la mort. Le vieux domestique entre en scène, ayant entendu l'appel de Maria ; mais à sa prière : « Ayez pitié et consentez à m'aider ! », il répond simplement « Non ! » (4).

DU MÊME AUTEUR

Dans la même collection

CALIGULA. *Édition présentée et établie par Pierre-Louis Rey.*

COLLECTION FOLIO THÉÂTRE

COLLECTION FOLIO

Composition Bussière
et impression B.C.I.
à Saint-Amand (Cher), le 13 février 1995.
Dépôt légal : février 1995.
Numéro d'imprimeur : 3136-2929.
ISBN 2-07-038872-7./Imprimé en France.

67095